Erne Häusser
Spreng g'schwend zur Dote
Lehrjahre und Viehzeug
Erinnerungen

D1699495

liebe Grüße
Erne Häusser

BÖNNIGHEIM OB.TOR.
(- BIS 1955 -)

Erne Häusser

Spreng g'schwend zur Dote

Lehrjahre und Viehzeug – Erinnerungen

Hartmann Verlag
Sersheim

ISBN 978 – 3 – 925921 – 71 - 1

ℋ

Erscheint im Hartmann Verlag, D – 74372 Sersheim
Satz: Hartmann Verlag
Zeichnung auf dem Titelblatt: Dr. K. Fr. Bozenhardt
Weitere Zeichnungen: Dr. K. Fr. Bozenhardt,
Ernst Schube, Eberhard Schmitt
Fotos: Erne Häusser
Gedichte ohne Autorenangabe von Erne Häusser
Druck:
Druckhaus Folberth, D – 64293 Darmstadt
Alle Rechte bei der Autorin
Erscheint im Jahre 2008

Meine Zeit, unsere Zeit – ob sie kurz oder lang war, so sind es Augenblicke gewesen. Und es kommt nicht so sehr darauf an, wie lange sie war, sondern wie wir sie bestanden haben.

Erne Häusser

Für meine Kinder und Enkel

Da sitze ich in der „Alten Brauerei", vom neuen Besitzer liebevoll restauriert, und sehe hinüber auf die andere Straßenseite der Karlstraße, wo man gerade dabei ist, das Doppelhaus an der Ecke zur Hauptstraße abzureißen. Da geht es dahin, Stück für Stück, Ziegel um Ziegel, Stein um Stein. Vorsichtig wird alles mit dem Greifer erfasst und auf den Transportwagen geladen, um den vorbeifließenden Autoverkehr nicht zu gefährden. Die Gebäude müssen weg, die Fahrzeuge brauchen mehr Platz, so dass der neu geschaffene Kreisel an der belebten Kreuzung seine Funktion erfüllen kann; mehr Raum, damit die motorisierten Ungetüme besser aneinander vorbeikommen und nicht Gefahr laufen, die Hausecken zu rammen. Alle müssen sie da durch, die von Westen und von Norden kommen und in nördliche Richtung weiterfahren wollen. Nur die kleineren Fahrzeuge dürfen noch stadteinwärts in die Innenstadt fahren. Einbahnstraßen sind es geworden, dringend notwendig in dieser so motorisierten Welt, wo man kaum mehr zu Fuß seine Einkäufe erledigen kann.

Kaum zu glauben, dass wir als Kinder einst auf dieser heute so gefährlichen Kreuzung gespielt haben, unseren Dopf sausen lassen konnten oder mit dem Ball gespielt haben. Mitten auf der Straße am Köllesturm haben wir unser „Hopfe" aufgezeichnet und um die Hausecken „Schlupferles" gemacht. Niemand hat uns vertrieben. Öfters kam wohl ein Pferdefuhrwerk oder Kuhfuhrwerk angezockelt, ganz selten jedoch ein Auto, dem man dann respektvoll auswich.

Auch das Fahrrad fahren habe ich auf diesen Straßen an der Kreuzung gelernt. Da bin ich dann des öfteren in einem Splithaufen, Kieselsteine, die man zum Ausbessern der Straßen brauchte, unsanft gelandet und habe mir die Knie aufgeschlagen.

Und wie oft bin ich dort an einem warmen Sommerabend mit dem Krügle oder auch mit dem Milchkännle über die abendstille Kreuzung zum alten Wilhelm Bihl rübergelaufen, um „a Donkels vom Bihl" zu holen.

„Möchtest a bissle supfe?", fragte der rundliche Vater Bihl dann und funkelte mich hinter seinen Brillengläsern listig an. Ich schüttelte den Kopf, das Bier schmeckte mir zu bitter. Manchmal hieß mich der Herr Bihl auch das Leiterle hochkrepseln und in den großen Bottich gucken, wo das Hexengebräu, wie es mir schien, brodelte. Es war mir immer ein wenig unheimlich dabei und schnell stieg ich wieder herunter. Überhaupt konnte man sich fürchten in dem dunklen Gewölbe, in dem es geisterhaft von den Wänden glitzerte. Da brauchte einer bloß oben die Tür zuzuschlagen und ich hockte im feuchten Verlies! Aber solche Gedanken hegte der gutmütige Vater Bihl bestimmt nicht, und auch nicht sein Sohn Hermann, der später die Brauerei betrieb und die Brautradition aufrecht erhielt.

Ein kühles Bier vom Fass – das gönnte sich unser Vater aber recht selten, nur an ganz heißen Sommertagen oder am Sonntagabend, und noch seltener ging er dazu hinüber in die „Wirtschaft zur Brauerei". Wenn wir das Bier holten, kam ja auch unsere Mutter in den Genuss des köstlichen Gebräus - „a Donkels vom Bihl", das war schon etwas ganz Besonderes.

Der alte Brauereisaal entlang der Karlstraße träumt noch unverändert von den alten Zeiten, als dort die gängigen Veranstaltungen stattfanden. An die Persil-Werbevorführungen, zu denen ich öfters mit Mutter gehen durfte, erinnere ich mich noch sehr genau. Auch gab es dort manchmal Stummfilme, wo man keinen Ton hörte und den Text unten an der Leinwand ablesen musste. Der blinde Herr Rückle, der wunderbar Klavier spielen konnte, untermalte den tonlosen Film mit Klaviermusik, was oft sehr komisch

10

wirkte.

Im Brauereigarten unter den uralten Kastanienbäumen haben wir als Kinder gespielt und später wohl auch Liebesträume gehegt. Die Blätter rauschten uns in ihrem Gezweig geheimnisvolle Geschichten zu und bewachten unsere Kinderspiele. Es war irgendwie ein Zaubergarten, mit der unergründlichen Kegelbahn im Hof, in die wir furchtsam hinein spickten, mit den verwinkelten Ecken und den gackernden Hühnern, die im weichen Erdreich scharrten. Ganz hinten standen ein paar knorrige Nussbäume. Mutter hatte uns verboten, dort nach Nüssen zu suchen, aber manchmal klauten wir im Herbst klopfenden Herzens eben doch ein paar Nüsse, die wir dann sofort knackten und verspeisten.

Im Sommer fanden im Brauereigarten verschiedene Veranstaltungen statt, oder auch Ausstellungen aller Art, die meistens bewirtschaftet waren. Allerdings kann ich mich nicht erinnern, dass es außer „heiße Rote mit Weck" anderes an Kulinarischem gab. Wir Kinder kriegten dann schon mal ein Rote Wurst und einen Wecken und auch eine Limonade. Aber es blieb immer ein nicht alltägliches Ereignis. So wie der jetzige Biergarten auch heute im Sommer seinen unvergleichlichen Reiz hat. „Biergarten geöffnet" – steht an warmen Sommerabenden auf einem Schild am Brauereigarten, und es gibt neben dem kühlenden Nass nicht nur „heiße Rote", sondern zur Auswahl Gegrilltes und Gebratenes, Pizza und Flammkuchen und Pommes frites und andere Köstlichkeiten. Man sollte die Biergartenabende nützen, denn nach wie vor ist unser Sommer eher wechselhaft, die Abende, wo man draußen sitzen kann, gezählt. Die Klimaveränderung ist spürbar, die Furcht vor Unwettern ist allgegenwärtig. Wo immer in der Welt die Naturkatastrophen gewütet haben, wir erfahren es sofort durch Funk und Fernsehen, sehen Bilder des Schreckens und der Verwüstung. Katastrophen, Kriege – es gab sie schon immer – davon gibt die Geschichte reichlich Zeugnis, und die eigene erlebte Zeit des Zweiten Weltkrieges ist aus der Erinnerung nicht wegzuwischen. Nur drangen die Nachrichten aus der großen weiten Welt früher nicht in unsere bescheidene Wohnstube ohne Radio und Fernsehen, was man aus der Tageszeitung, der „Warte" erfuhr, war genug. Manchmal sinne ich darüber nach und wundere mich, dass es ohne all diese Informationen auch ging und nie langweilig wurde. Einfacher ist das Leben im Allgemeinen wohl nicht geworden mit all den technischen Anforderungen, obwohl angenehmer und bequemer. Und gut, dass man die Zeit nicht zurückdrehen kann zu Feuerherd und Kohleofen.

Alles ist der Veränderung unterworfen, nichts bleibt. „'s ist keine Zeit die kommt nicht wieder", sagten die Alten, aber es stimmt nur zum Teil.

Da drüben brechen sie gerade die Vergangenheit ab, ein gutes Stück meiner Kinder- und Jugendzeit. Da geht es hin, das große Doppelhaus, nur noch in der Erinnerung einiger weniger Zeitgenossen lebendig.

Wie oft ging dort das Fenster auf, die Dote guckte raus und rief mich zu sich hinauf. Ich folgte immer gerne der Aufforderung.

Hinten im Hof war die Schreinerswerkstatt, stumm und verlassen in den letzten Jahren. Die Werkstatt blieb noch ein paar Tage stehen, wie um sich zu wehren, zu trotzen dem Vergessenwerden: Noch bin ich da, war doch einmal wichtiger Lebenszweck, hab den Meister stolz in seinem Werk gesehen, Lehrlingen und Gesellen Arbeit und Zukunft gegeben.

Aber auch das ist längst vorbei, Maschinen und Technik haben die Werkstatt überholt.

Ein paar Tage später war auch dieses Gebäude weg, so wie das Wohnhaus entlang der Straße. Mit allem, was einst darin war, den Schicksalen der Menschen, die darin wohnten und lebten.

Die ganze Ecke ist nicht mehr. Jetzt ist es ein freier Platz, gar nicht groß, und es wundert einen, dass einstmals so große Häuser da Platz hatten. Ein kahler Fleck inmitten dem Getriebe am Kreisel, begrenzt mit groben Steinblöcken, eingeebnet und wartend auf eine neue Bebauung.

Spreng g'schwend zur Dote ...

Fast täglich hieß es so. Und ich sprang leichtfüßig hinüber, nur grad um die Ecke an der Karlstraße, wo die Dote wohnte und der Döte seine Schreinerswerkstatt betrieb. Die kleine Staffel zur Haustüre nahm ich in einem Satz und hüpfte flink die dunkel polierte Stiege hinauf. Die Treppe fand ich viel edler als unsere grobe „Stege", die

13

man immer einölen musste, damit sie wenigstens ein wenig glänzte.

Die Häuser waren größtenteils nach demselben Muster erbaut. Eine mehr oder weniger hohe Staffel zum Erdgeschoss über dem gewölbten Keller, eine gerade Holztreppe mit meist aufwendig gedrechseltem Geländer führte in das Obergeschoss. Im Erdgeschoss gab es nach Bedarf Betriebsräume, wie Werkstatt oder Laden, eine Waschküche, wo oft auch eine Badewanne stand und am Samstag die Familienreinigung stattfand; auch Stallungen für das Kleinvieh gehörten ins Haus, zum Unterschied der Bauernhäuser mit extra Stall und Scheune. Der gewölbte Keller unterm Haus barg Wein- und Mostfässer, die Wintervorräte an Kartoffeln und Obst, das Eingemachte und Eingedünstete ebenso wie die kühl zu haltenden Lebensmittel für den täglichen Gebrauch. Auch der Kohlenvorrat für den Heizofen befand sich öfters im Keller.

Im oberen Stock war die Wohnstube, zugleich auch Aufenthaltsraum und Esszimmer, die Schlafstube und die Küche, und vielleicht noch ein Stüble extra für die Kinder. Glück war, wenn es im Obergeschoss ausgebaute eigene Kinderzimmer gab, wenn auch manchmal noch so winzig und bescheiden. Aber ein eigenes Reich zu haben, das blieb der Traum der meisten Kinder dieser Zeit.

Hier bei der Dote war alles viel geräumiger als bei uns daheim, und wie mir schien auch vornehmer. Von der Treppe aus gelangte man gleich in die langgezogene schmale Küche, mit der zu dieser Zeit bereits ziemlich fortschrittlichen Einrichtung. Neben dem unvermeidlichen Feuerherd gab es einen praktischen Elektroherd und einen Warmwasserboiler über dem Terrazzo-Wasserstein, und aus dem Wasserhahn floss nicht nur kaltes Wasser wie bei uns. Das Wasserschiff im Feuerherd war allerdings auch daheim ein rechter Segen, wenn man Glück hatte, hielt es wenigstens das morgendliche Waschwasser ein wenig warm. Ansonsten spielte sich alles am einzigen Kaltwas-

14

serhahn in der Küche ab, von der Toilette bis hin zum Brauchwasser. In heißen Sommern und langer Trockenheit gab der Wasserhahn oft seinen Geist auf, es floss kein Tropfen mehr aus der Leitung und wir liefen zum Brunnen und pumpten das Wasser aus dem Brunnenschacht hoch. Im Winter dagegen versagte der Wasserhahn, weil die Zuleitung eingefroren war. Mit heißen Tüchern und Wasserdampf versuchten wir die Rohre wieder flott zu kriegen. Vorsorglich füllte Mutter in solchen Zeiten alle verfügbaren Behälter. Wenn wir Glück hatten, gab der Wasserhahn in der Hauptleitung im Boden unter der Werkstatt noch etwas her, aber auch da erinnere ich mich an vergebliche Versuche.

Neben dem Wasserstein, den man immer mit feinem Sand sauber fegen musste, stand der Arbeitstisch und ein Hocker darunter, und darüber hing das Küchenbord mit Tassen und Tellern, immer fein säuberlich eingeräumt. Das war in den meisten Küchen so. Nur erschien mir alles bei der Dote viel besser ausgestattet. Auch das Küchenbuffet mit Geschirr und Vorräten war großzügig und übersichtlich ausgestattet.

Im Wohnzimmer stand ein wunderbares dunkel glänzendes Buffet, mit kunstvollen Ornamenten und Verzierungen, sicher vom Döte in Handarbeit angefertigt, wie auch Tisch und Stühle und das zierliche Nähtischchen mit der Intarsienarbeit, die wohl ein Gesellenstück im Schreinerhandwerk darstellte. Durch die Glastürchen im Buffetaufsatz schimmerte Porzellangeschirr und Kristallglas. Das gute Geschirr wurde nur bei Familienfesten herausgeholt, deren es allerdings reichlich gab, fanden sie doch allesamt zuhause statt; eine Gaststätte damit zu betrauen wäre einem wohl nicht in den Sinn gekommen.

Auch ich schaffte mir zu meiner Aussteuer noch gutes Goldrandgeschirr an, und auch Silberbesteck. Es führt heute ein vergessenes Dasein; man braucht es nicht mehr, Gaststätten richten die Familienfeste aus. Auch das Silberputzen gehört der Vergangenheit an. Es gibt pflegeleichte Bestecke aus Edelstahl, praktisches Geschirr und schonend kochende Töpfe. Immer wieder kommen Neuheiten auf den Markt und Geräte, die den Haushalt erleichtern sollen. Jedoch wird nach wie vor mit Wasser gekocht! Und soviel weniger scheint mir die Arbeit einer Hausfrau insgesamt auch nicht geworden zu sein. Im Gegenteil. Größere Besorgungen sind nur noch mit Auto möglich, der Nachwuchs muss zu allen möglichen Übungsstunden gefahren werden. Und die mannigfachen Gerätschaften zuhause wollen eben auch bedient werden, wozu einem einiges an technischem Wissen abverlangt wird. Gebrauchsanweisungen sind da oft eine hoffnungslose Überforderung. Es hinterlässt den Eindruck, dass sich im Umfeld sehr viel verändert hat, aber der Mensch sich gleich geblieben ist und sich mit den altgewohnten Problemen herumschlagen muss.

Als ich älter wurde, begriff ich, dass meine Mutter in einer schlechten Zeit geheiratet hatte, im Jahr 1926, nach der Inflationszeit, und die Aussteuer auch dementsprechend einfach ausfiel. Wie auch meine Aussteuer in der Nachkriegszeit noch recht bescheiden war. Gerade Linien, Nierentische und schlichte Möbel, das war der Trend dieser Zeit. Wiederaufbau der vom Krieg verwüsteten Heimat, ein Dach über dem Kopf für viele der Neubürger stellte alle Nebensächlichkeiten und Ausschweifungen in den Schatten.

Hinter der Küche gab es noch eine überdachte Veranda, und daneben war auch die Toilette, in früheren Zeiten wie überall ein Plumpsklo.

Im Obergeschoss hatten die Vettern und das Bäsle ihre eigenen Zimmer, ein Königreich in meinen Augen. In unser schmales Stüble daheim passten gerade mal zwei Betten, ein Schrank hatte daneben keinen Platz mehr.

Auch eine Dachterrasse gab es dort oben, wo wir öfters die Wäsche aufhängten zum Trocknen. Man konnte so schön heruntersehen auf beide Seiten der Karlstraße, das Alltagstreiben da unten betrachten und auch nach oben in den freien Himmel schauen.

Die Dote hatte immer Arbeit für mich.

Geschirr abtrocknen und Tassen und Teller ins Schüsselbrett beigen, das war eine meiner liebsten Arbeiten. Unterm Wasserstein in der Küche war der Holzbiegel, der sollte immer gefüllt sein mit Feuerholz und kleingemachtem Reisig zum Anzünden, eine rechte Arbeit für Kinderhände. Reisig holte ich von der Bühne und Abfallholz aus der Werkstatt. Auch der Kohlenfüller neben dem Ofen in der Wohnstube schien immer leer auf mich zu warten, wie auch die Holzkiste daneben. Den Kohlenfüller füllte ich im Keller, die Holzkiste mit Brockelholz von der Bühne, das ich schön ordentlich einbeigte.

Dann durfte ich das Treppenhaus kehren und die Stiege runterreiben, am Wochenende die Gasse und den Hof kehren und manchmal auch kleinere Besorgungen machen.

Einkaufen bei „Bozenhardt", Konditorei und Kolonialwarenladen in der Hauptstraße, das ließ man sich nicht zweimal sagen! Dort kriegte man immer ein paar Bonbons, ein Schoklädle oder auch einen missratenen Zuckerhasen, die der Herr Bozenhardt zu Ostern in seiner Oster-hasenwerkstatt selbst herstellte. Die war genau da, wo heute Hof und Biergarten vom Turmstüble sind und ein südliches Flair die Besucher einlädt.

Einmal hieß mich die Dote im Metzgerladen Schinken kaufen. Es muss vor dem Krieg gewesen sein, denn im Krieg gab es sowas recht selten, das Wort Schinken war mir bis dahin nicht geläufig. „'en Vierling Schinken", hatte die Dote gesagt, und ich stand im „Ochsen" inmitten einem Laden voller Kunden und horchte angestrengt, ob jemand da etwa „Schinken" verlangte. Aber das geschah nicht. Gewiss hatte die Dote vergessen, an den „Schinken" das Wort „Wurst" anzuhängen. Und so stotterte ich, als ich dran war, unsicher „'en Vierling Schinkenwurst ..."

Den Blick der Dote, als sie die Wurst auswickelte, habe ich bis heute nicht vergessen.

„Schinken - hab i doch g'sagt!"

Und seither weiß auch ich, was Schinken ist, der allerdings in meiner ganzen Jugendzeit eine sehr rare Delikatesse blieb.

Die Dote nähte für uns zwei Mädchen öfters Kleider und Röcke. Zugegeben, manchmal tanzte ich ihr dabei weidlich auf der Nase herum; wenn ich einfach nicht stillhalten wollte bei der Anprobe und sie größte Mühe hatte, den Saum abzustecken. Der musste ja immer recht breit sein, damit man ihn rauslassen konnte, wenn das Kind wieder einen „Schuss" in die Länge getan hatte. Den Mund voller Stecknadeln schimpfte die Dote mit mir: „Herrschaft Sechser, kannst denn auch nicht eine Minute stillhalten!" Was mich jedoch nicht abhielt, die Dote bei nächster Gelegenheit wieder zu ärgern.

Der Döte sah mich nicht so gern in der Werkstatt, es schien ihm wohl zu gefährlich. Er funkelte mich über der stets sägemehlbesetzten Brille streng an und ermahnte mich, ja vorsichtig zu sein und aufzupassen. Die vielen Sägen und Hobel gaben mir ein beklommenes Gefühl und

18

ich umging furchtsam die Maschinen und Geräte.

In einer Schreinerswerkstatt fielen ja so viele Holzabfälle an, da gab es Klötzchen zum Spielen und Basteln, zu schade, um als Brennholz zu enden.

Am meisten angetan hatte es mir aber das feine fast weiße Sägemehl. Es sah aus wie Mehl und roch sehr würzig. Als Kinder versuchten wir damit unsere Sandkuchen zu backen, aber der „Teig" wollte nicht halten und zerfiel gleich wieder.

Gegen Ende des Krieges wurden die Zuteilungen an Lebensmitteln sehr knapp und es langte nicht mehr hinten und vorne. Deutlich sehe ich noch meine Mutter vor mir, wie sie das letzte Stäubchen Brotmehl aus der Mehlschublade kratzte; es wollte einfach zu keinem Laib mehr reichen. Da sprang ich hinüber zum Döte in die Werkstatt und holte von dem feinen weißen Sägemehl. Voller Zweifel mengte Mutter eine Handvoll unter den Brotteig, setzte den Laib in das Backkörble und trug es hinunter ins Backhaus, das hinten im Hof fast täglich in Betrieb war. Aber trotz knusprigem Aussehen blieb das aus der Not geborene Sägemehlbrot hart und war kaum genießbar.

Manchmal durfte ich nach meiner Bosselarbeit bei der Dote auch mitvespern, aber das war recht selten. Vespern tat man zuhause. Der Vetter Helmes, der ja gute zehn Jahre älter war als ich, freute sich darüber sehr und lupfte mich auf seine Schultern. Er lachte so gerne und war ein so fröhlicher Mensch. Vetter Helmes ist aus dem Krieg nicht heimgekehrt, wie so viele seiner Generation, die ihr Grab in fremder Erde fanden.

Jetzt sind sie gerade dabei, die Dachterrasse abzuräumen. Meine Gedanken gehen in eine ganz andere Zeit zurück, in eine Zeit, wo noch keine Waschmaschinen und Trockner und andere elektrischen Heinzelmännchen am Werk waren. Damals hievten wir hier die schweren Wäschekörbe das schmale Treppchen hoch zu dieser Dachterrasse, um die Wäsche dort oben aufzuhängen. Schön luftig war es dort, kein Benzingestank kroch einem in die Nase und herauf drangen nur altvertraute Laute des gemächlichen ländlichen Lebens. Man sah hinunter auf muntere Pferdewagen und langsam einherzockelnde Kuhfuhrwerke und die sich dahinter ansammelnden Attribute. „Da spring nur gleich nachher mit dem Eimer und der Schaufel ...", hieß es dann, was ich auch so bald wie möglich befolgte, ehe mir da ein anderer beim Kühdrecksammeln zuvorkommen konnte.

Aber dann im Krieg nahm die Karlstraße ein ganz anderes Bild an. Gleich zu Beginn gab es Einquartierung von der Infanterie. Militär beherrschte die Straße. Aufregend, faszinierend für die Schulkinder in der Karlschule, wo gleich gegenüber die Gulaschkanone Stellung bezogen hatte. So eine goldgelbe aufgeplatzte Pellkartoffel – darauf waren die Kinder besonders scharf. Oder erst gar das ziemlich kernige Kommissbrot, und dazu ein Schöpfer aus der Gulaschkanone! Das überstieg jede noch so gute Mahlzeit zuhause.

Im Laufe der Kriegsjahre verschmolz das Getriebe auf der Karlstraße zu einem düsteren Geschehen, in das immer öfter die auf dem Köllesturm angebrachte Alarmsirene ihr drohendes Heulen mischte. Nacht für Nacht schickte sie die Menschen in Luftschutzkeller und Bunker; später reichte es kaum noch, die Menschen zu warnen, weil die Tiefflieger und Jagdbomber am helllichten Tag herbeizischten und auf alles schossen, was da unten sich bewegte. Zum Schluss waren es noch die Panzer der Alliierten, die die Straße in Besitz nahmen.

Da war es dann nicht mehr ratsam, dort oben seine Wäsche aufzuhängen. Aber bis in die Sechziger Jahre hinein wurde die Dachterrasse noch reichlich in Anspruch genommen.

In der letzten Zeit wurde sie eher nebensächlich. Ob wohl noch jemand dort die Wäsche aufgehängt hat? Wo der motorisierte Straßenverkehr die Luft nicht gerade frischer machte und der Wäschetrockner einem doch die Mühe des Hinaufsteigens und Aufhängens der Wäsche abnahm? Aber die Aussicht von oben, die muss bis zuletzt reizvoll gewesen sein.

Nun geht sie dahin, die Dachterrasse, als ein Relikt aus einer anderen Zeit, entschwindet einfach in die Vergangenheit.

Heute sind es andere Symbole, die die Karlstraße beherrschen: Zebrastreifen für Fußgänger an der Kreuzung und bei der Karlschule, in die wir wie auch unsere Eltern schon gegangen sind, ohne auf irgendwelche motorisierten Gefährte achten zu müssen; „Tempo runter – Schulanfänger", steht jetzt auf großen Transparenten, die über die Straße gespannt sind, wenn im September nach den großen Ferien die Schule beginnt für die ABC-Schützen. Die Kinder passen auf, sie wissen, wo man hinüber darf und wo nicht und beachten die Verkehrsregeln, sie wachsen damit auf.

Kein Vergleich zu den stillen Straßen und Gassen, in denen unsere Generation aufgewachsen ist. Mein Elternhaus am Köllesturm ist noch da, ebenso das große Eckhaus daneben in der Karlstraße. Allerdings wohnt jetzt jeweils nur noch eine Person darin, und in dem einstigen Zigarrengeschäft sind die Rollläden heruntergelassen. Einst stand ich da Schlange um ein paar Stumpen für meinen Vater, die Zuteilung auf der Raucherkarte. Ganz selten gab es auch eine Zigarre dazu. Es roch am Sonntag dann so gut in der Stube, wenn Vater seine Zigarre rauchte. Damals und auch lange Jahre nach dem Krieg gehörten Tabakwaren einfach zum Status der Männer; kein Festtag oder Geburtstag, wo nicht das Päckchen Zigaretten oder auch Zigarren auf dem Gabentisch lagen. Kein Gedanke an die gesundheitlichen Schäden, die Rauchen verursacht. Wie das jetzt so propagiert wird, bis hin zum Rauchverbot in den Gaststätten.

Nun steht das große Haus mit dem einstigen Zigarrenladen da wie ein hinderlicher Klotz, der schweigend der neuen Zeit und dem Straßenlärm trotzt. Ob ich in dieser Ecke noch wohnen wollte? Als ich dort aufwuchs, störte kaum Autolärm, höchstens verursachten die kleinen Leiterwägelchen, die bis in die Nacht mit der „Bachet" vom Backhaus hinten im Hof durchs Städtle heimwärts rollten, eine eher vertraute Störung im sonst so stillen Städtle.

Aus dem bescheidenen Armbruster-Laden in der Hauptstraße ist das belebte Zweiradgeschäft in der Karlstraße geworden. Im Schaufenster sind moderne und schnelle, mit allen Raffinessen versehene Drahtesel ausgestellt, mit denen man jede Steigung mühelos bewältigt. Kinder- und Jugendträume, und gerne erfüllt von ratlosen Großeltern, die nicht wissen, was sie denn auch bloß schenken sollen. Allerdings muss gleichzeitig Sorge getragen werden, dass der entsprechende Schutzhelm dazu gekauft wird und sonstiges technisches Zubehör, ohne das es nicht mehr geht im Straßenverkehr.

Schaudernd erinnere ich mich an das einzige Fahrrad zuhause, das immer gerade dann nicht da war oder platt hatte, wenn ich es nötig brauchte. Mit dem Fahrrad fuhr ich in die Schule nach Heilbronn oder Ludwigsburg, und das mitten auf der Straße, einen Radweg gab es noch nicht.

Aus den Bauernhäusern in der Karlstraße sind ansprechende Wohnhäuser geworden, Scheunen und Ställe wurden ausgebaut zu Wohnungen oder Garagen, wo das Nutztier der Gegenwart, das motorisierte Gefährt, seine Unterkunft hat. Anstatt der Kuhfladen und Rossbollen stehen Blumentröge vorm Haus oder begrenzen den Straßenrand zwischen grünenden Bäumen und den vielen auf beiden Seiten parkenden Autos.

Unser gutes altes „Rössle", Treffpunkt unserer verliebten Jugendjahre und wo wir schließlich Hochzeit feierten, wo die Nachsingstunden im Gesangverein feucht-fröhlich ausklangen und die Familie Kachel gastlich bewirtete – die „Rössle-Heimat" ist nicht mehr, trägt jetzt einen anderen Namen, ist zum „Chinarestaurant Shanghai" geworden.

Erinnerungen

Angefangen hatte alles im „Rössle". Dort wurde geschwoft und gelacht und harmloser Blödsinn gemacht. Und wie es so ist bis zum heutigen Tag: „Kein Feuer, keine Kohle kann brennen so heiß, als heimliche Liebe, von der niemand was weiß ...."

Die Liebe fand ihr Plätzle, und beim Heimgehen konnte man kein Ende finden.

„Denen stell' i no en Sofa naus ...", überlegte eine mitleidige Nachbarin.

Der dreizehnjährige Bruder wunderte sich: „Was der da draußen bloß emmer will ...?"

Vier Jahre „gingen" sie miteinander in Richtung Ehe. Dann war es endlich soweit. Die Hochzeit fand im „Bärensaal" statt. Die eigens für den Tag bestellte Hochzeits-

köchin kochte das Festessen: Eierstichsuppe mit Mark-
klößchen, Braten, Spätzle und Kartoffelsalat, mit einem
Kränzlein grünem Salat dekoriert. Und wie üblich gab es
Chaudeausoße mit Biskuit zum Nachtisch. Gefeiert und
getanzt wurde bis in die Morgenstunden.
In der kleinen Dachwohnung verbrachten sie die ersten
vier Ehejahre. Unten in der Waschküche stand eine Zink-
badewanne auf vier Füßen, und reingezogen hat es an
allen Ecken und Enden. Aber sie fühlten sich wie Fürsten.
Irgendwann wurde dann aber doch die Dachwohnung zu
eng und sie zogen um in eine Dreizimmerwohnung. Und
wieder einige Jahre später war Einzug ins neuerbaute
Eigenheim.

Meine Kin-
der- und Ju-
gendzeit war
im Wesentli-
chen geprägt
von Handar-
beit, von auto-
freien und nur
teilweise ge-
teerten Stra-
ßen, die Gas-
sen meist nur
eingeschottert,
und von Pfer-
de- und Kuh-
fuhrwerken be-
fahren. Auto-
freie Straßen – und gleichzeitig wird mir zu meinem Entsetzen bewusst, dass zu dieser Zeit bereits Militärwagen
und Panzer rollten und Flugzeuge und Bomber aus der
Luft die Erde bedrohten. Keine friedliche Nutzung in den
Straßen, die Rüstung hatte alles beansprucht.

24

Viele Bauernhäuser standen innerhalb des Ortes, auch in der Hauptstraße gab es landwirtschaftliche Anwesen, neben Handwerkern und Einzelhandelsgeschäften, in denen man noch am Ladentisch bedient wurde. Zucker, Salz und Grieß und dergleichen wurden pfundweise abgewogen, und beim Metzger hieß es öfters: „Darf's au a bissle mehr sein?" Allerdings nicht mehr in den Kriegszeiten, wo oft laut Lebensmittelmarken 62,5 Gramm punktgenau abgewogen werden mussten.

Die Flur rund um Bönnigheim war gezeichnet von kleinen Parzellen, wenige Ar großen Äckern und Wiesen, die ein unterschiedliches Landschaftsbild ergaben. Westlich vom Ort zogen sich an den Rebenhalden die Pfahlwengert wie „Strumpfbändel" hoch, begrenzt von Feldwegen und kleinen Mauern und Staffeln.

Durch die Flurbereinigungen in den 60er Jahren änderte sich das Bild. Aussiedlerhöfe belebten die Umgebung, die Felder wurden großflächig, die Weinberge großzügige Rebenanlagen.

Aber unsere Kinder- und Jugendzeit war auch geprägt von dem Zweiten Weltkrieg. Und auch von Zwang und erdrückender Enge. Träume und Unbefangenheit gingen unter in Pflichten und unbedingtem Gehorsam gegenüber „Führer, Volk und Vaterland".

Mit vierzehn habe ich mein Städtle verlassen, weil es der unselige Krieg verlangte, dass auch noch Kinder zu Kriegshilfsdiensten herangezogen wurden. Als ich ein knappes Jahr später zurück kam, habe ich den Heimatort in Trümmern vorgefunden. Altvertraute Häuser und Läden waren nicht mehr, vom historischen Rathaus am Marktplatz ragten nur noch verkohlte Ruinen anklagend in den Himmel. Nur noch Reste von der geschwungenen Wendeltreppe, wo wir bei Hochzeiten und Empfängen Spalier stehen durften, nur noch Erinnerung der kunstvolle kleine Balkon, von dem die Verantwortlichen von damals ihre Reden an die auf dem Marktplatz versammelte Menge gehalten hatten.

Fassungslos stand ich vor meinem Elternhaus und dem Köllesturm, die beide fürchterliche Blessuren davongetragen hatten; das Elternhaus hatte eine Beule, notdürftig war die Wand nach dem Granateneinschlag wieder geflickt worden; der Köllesturm zeigte hässliche Dellen, aber er war stehengeblieben, hatte den Kugeln, die ihm um die Ohren pfiffen, standgehalten.

Die repräsentativen Läden meiner Kinderzeit, wie Spielwaren König, Aussteuerhaus Krayl, die Drechslerei Jung im wunderschönen Fachwerkhaus, weiter unten in der Hauptstraße der „Schwanen" und der „Kronenhof" – sie waren nicht mehr, nur noch Reste der Mauern, und Steine, die bereits wieder abgeklopft und aufgeschichtet waren zum Wiederverwenden.

Als am 7. April 1945 die Hauptkampflinie durchzog, war Bönnigheim in Brand geschossen worden. Hilflos saßen die Leute im Keller oder in den Schutzräumen, wie so viele Male in den letzten Jahren. Auch Menschen waren umgekommen, ganz zu schweigen von den namenlosen Soldaten, die in dem unsinnigen Kampf ihr Leben lassen mussten.

26

*B*esuch in die Vergangenheit

Ich wohnte einst in einem hohen Hause
in einer ländlich kleinen Stadt;
vier Treppen klomm ich hoch zu meiner Klause,
den Blick von oben war ich niemals satt.
Ein alter Torturm ragt zu meiner Linken,
schräg gegenüber liegt die Apotheke,
den Turmhahn auf der grauen Kirche sah ich blinken
und rings im Sonnenschein der Fluren grün Gehege.
Breit und behäbig rechts die alte „Schwane",
bekränzt mit gelbem Welschkorn, braunen Zwiebeln,
dabei das Rathaus mit der hölzernen Altane
aufsteigend bis zum spitzen Fachwerkgiebel.
Frühmorgens tönt der Leiterwagen Rattern,
die gelbe Postkutsch' schirrt die dicken Gäul';
die Hähne kräh'n, die Gänse schnattern,
das Tagewerk beginnt, geruhsam, ohne Eil' ...
Da war ich jung und ohne Sorgen,
die Knaben in der Schul' lehrt' ich Latein –
in der Erinnerung ein einz'ger heller Morgen –
am Abend winkt der Bönnigheimer Wein!
Heut', nach Verfluss von beinah' fünfzig Jahren,
wollt' ich den Freunden froh die Stätte weisen,
im Auto kam ich stolz dahergefahren –
und stand verwirrt im traumhaft fremden Kreise!
Wo ist das Rathaus mit der Holzaltane?
Wo ist mein hohes Haus im Sonnenschein?
Wo ist das Gasthaus zu der alten „Schwane"?
Ein Ziegelneubau, etwas Schutt und Trümmer,
ein kahler Parkplatz für moderne Wagen ...
Was hier geschehen, brauch' ich nicht zu fragen.

(Verfasser nicht bekannt)

Der Köllesturm aber, der treue Wächter meiner Kinder-
zeit, der hatte sich gewehrt. Trotzig stand er da und zeigte
seine Blessuren. Seine Bewohner hatten ihn verlassen
müssen, zu gefährlich war es da oben geworden.
Nur wenige Male war ich dort oben gewesen und hatte in
die Heimat geschaut: nach Norden ins Zabergäu, nach
Süden gen Bietigheim, nach Osten zum Neckartal und im
Westen zum Michaelsberg.
Im Laufe der Zeit kriegte unser Köllesturm ein neues
Gesicht, so zur Siebenhundert-Jahrfeier der Stadt 1984
und ebenso zur Zwölfhundert-Jahrfeier 1993.
Aber jetzt, im Sommer 2006, wurde unser Köllesturm
saniert!
Ein unterirdisches Korsett haben sie ihm verpasst, eine
betonierte Unterhose hat er bekommen! Damit wurde eine
Spezialfirma beauftragt, und die kam mit Baggern und
Kranen und riesigen Stahlträgern, die sie unserem guten
alten Köllesturm in den Unterleib rammten. In vielen
Metern Tiefe sind diese Stahlträger dann auf der Gegen-
seite im Fels verankert worden.
Wie das zuging, haben wohl wenige von uns verstanden,
für einen Laien grenzt das schon an Hexerei. Und gemerkt
haben wir von dem Ganzen auch nicht viel, abgesehen von
dem Baulärm und den Gerätschaften an der Baustelle. Die
Bauleute wussten offenbar, was sie zu tun hatten. Das Tor
selbst bekam kurzfristig eine Ummantelung und war in der
Höhe eingeschränkt, die Einbahnstraße in die Innenstadt
nur noch für kleinere Autos befahrbar.
Beim Ganerbenfest im Juli 2006 hat man unserem Wahr-
zeichen wohl angesehen, dass es gerade geflickt wird.
Allerdings wird der Köllesturm wohl seine etwas schiefe
Haltung behalten müssen, gerade richten kann ihn keiner
mehr.
In den letzten Kriegsjahren saßen wir bei Fliegeralarm fast
jede Nacht in Nachbar Bopps Keller und hatten immer
Angst, Bomben könnten unseren Köllesturm treffen. Was,

wenn er auf uns herunter gefallen wäre? Nicht auszudenken, was hätte passieren können, wenn er umgekippt wäre! Viele Schrammen hat er abbekommen, aber stehengeblieben ist er. Nur schäbs und schief ist er im Laufe der Zeit von all den ihm aufgeladenen Bürden geworden.

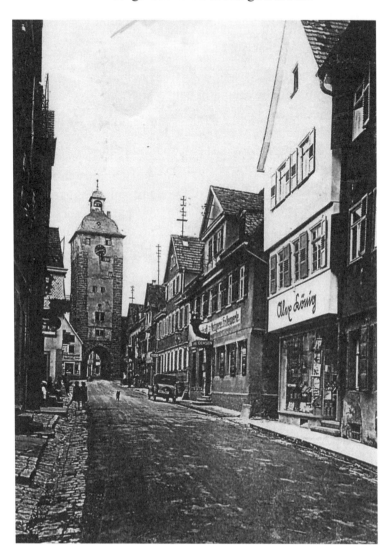

Der Köllesturm

Das obere Tor zu Bönnigheim,
der treue Wächter unserer Stadt,
ein Torturm, der einst so benannt,
weil er mit einem namens Kölle war bemannt.
Es zogen durch sein Tor einher:
Wanderer, Pferd' und Wagen und auch Kriegesheer;
gab Ausfahrt, Einlass schon zu alten Zeiten
und Ausblick in die heimatlichen Weiten;
sah Dächer, Häuser, dichtgedrängt,
und Winkel, Gassen weit und eng;
er sah die Menschen, wie sie ab sich mühten,
und doch da unten winzig blieben;
sah, wie sie werkelten von Hand
und wie die Technik Einzug fand;
und sah auch manchen Leichenzug,
wenn sie gebracht zur letzten Ruh'.
Er strauchelte und wankte nicht,
als 1945 sein Städtle wurde übel zugericht'.
Bis heute ist ihm erst' Gebot,
zu melden, wenn Gefahr und Feuer droht.
Die, die da lebten in seinem Schatten,
von eh und je ihn zu ertragen hatten.
Auf halber Höh', so in der Mitten,
da waren seine Fenster einst vergittert:
Manch armer Sünder sich da drin verkroch,
wenn ihn der „Kontzi" g'sperrt ins Loch!
Oft war's auch nur ein Handwerksbursch,
der über Nacht ein Dach gesucht.
Turmfalken, Eulen und viel Tauben,
allerlei Getier dort oben hauste –
alles fand in seinen Mauern Hort,
Zuflucht vor Gefahr am sicheren Ort.
Staunend hat er drüber g'wacht,

was die 1984 mit sein'm Städtle g'macht:
Gewuselt hat's ihm da zu Füßen,
jetzt sogar Bäume aufwärts sprießen;
ein neuer Brunnen dort am Marktplatz plätschert,
und seine Straße wurde neu gepflästert.
Pferd'- und Kuhfuhrwerke er jetzt ganz vermisst,
höchstens beim Ganerbenfest geschmückt begrüßt,
und statt dem altvertrauten Hufgetrappel
Auto-, Flugzeuglärm ihm um die Ohren rappelt!

Bevor es ans Sanieren ging, mussten die kleinen Nachbar-
häuser weg, das ehemalige Sattler-Schweyher-Haus und
das alte Torwärterhaus, bis zuletzt noch von der Historischen Gesellschaft genutzt. Dort wurden im kleinen
Schaufenster immer wieder Gerätschaften ausgestellt,
Sachen, die noch gar nicht so alt waren, wurden sie doch
vor rund einem halben Jahrhundert noch für die jeweiligen
Arbeiten genutzt. Handwerkszeuge für die Landwirtschaft
und im Haushalt, und unverzichtbar im täglichen Leben.
Vor rund fünfzig Jahren fuhren in der Erntezeit noch
Kuhfuhrwerke durchs Tor, schwankende Erntewagen, die
seitlich an den Mauerwänden streiften und Heu und Stroh
dort hängenließen, das sich dann auf dem Boden sammel-
te. Manchmal ließ dann auch so ein Rindvieh oder ein
Gaul sein Sach platschen am Tor und hinterließ auf der
Straße Kuhfladen und Rossbollen, ach so wertvollen
Dünger für den Garten. „Spreng schnell ...", hieß es dann,
und ich holte Eimer und Kutterschaufel, die immer auf
dem Handwägelchen aufnahmebereit waren, und fasste
den Segen ein. So war mein Kühdreckeimer bereits halb
voll, bevor ich überhaupt mit „Kühdrecksammeln" anfing.
„Kehr no au glei unterm Köllesturm ..." Das war meine
Aufgabe, am Samstag die Gasse zu kehren. Die „Gasse",
das war der Hof zum Backhaus und die Hälfte der Straßenseite am Haus, einschließlich der einen Hälfte unterm
Torbogen. Sorgfältig kehrte ich Samstag für Samstag mei-

ne Gasse. Am Nachmittag kam dann der Dreckbauer mit seinem von einem Gaul gezogenen Pritschenwagen und lud das Häufchen Zusammengekehrtes auf. Das war damals die ganze Müllabfuhr; Papier und dergleichen Abfälle konnte man ja in Herd und Ofen noch verbrennen.

Heutzutage produzieren wir Unmengen von Müll. Den trennen wir dann fein säuberlich in Flach und Rund, in Bio- und Restmüll. Die Müllabfuhr kommt an bestimmten Tagen und kippt Papier, Glas und Dosen und weiteren Müll aus den grünen, braunen und schwarzen Tonnen in den gefräßigen Schlund des Müllautos. Nicht selten stehen volle Altkleidersäcke vor den Häusern und warten auf Abholung. Raus mit dem alten Gruscht, damit Neues Platz hat, das doch so reichlich in den Läden und in Katalogen angeboten wird.

In meiner Eltern Schlafzimmer stand ein einziger Kleiderschrank, darinnen hatte die gesamte Garderobe der Eltern Platz. Und alles wurde geflickt und gewendet, bis es wirklich nicht mehr ging und im Lumpensack landete.

Als wir vor rund 40 Jahren das elterliche Haus räumten, habe ich einiges von den alten Gerätschaften liebevoll eingesammelt und im Kellerraum aufbewahrt, wo sie langsam aber sicher verstauben. „Schmeiß den Gruscht halt naus ...", meinen die Kinder. Doch das ist nicht so einfach, zu viele Erinnerungen hängen daran.

Aber zurück geht es auch nicht mehr, Rückschritt ist nicht möglich. Und wer wollte auch schon zurück zu Kaltwasserhahn und Kohleofen, zu einer Zeit ohne Fernsehen und Ausblick in die große weite Welt, zu der „guten alten Zeit", die es in Wirklichkeit nie gab.

Dort, wo heute am Turm stadteinwärts der Durchgang ist, führte früher seitwärts eine große Staffel hinauf zu weiteren Treppen und zur Turmspitze. Diese Staffel gehörte zu unseren Spielplätzen, dort zeigten wir unsere Hopfkünste, machten Wettkämpfe, wer wohl am weitesten zu hüpfen vermochte. Wenn wir dabei auf die Straße gerieten, war das nicht weiter gefährlich, höchst selten wurde die Hauptstraße von einem Auto befahren.

Das einstige Haus Bopp, „Metzgerei und Wirtschaft zum Lamm" ist zwar in ähnlicher Form wieder erstanden, doch beherbergt es keine Gaststätte mehr, sondern ein Reisebüro, wo bunte Prospekte zu Reisen in alle Welt locken. Oben sind wie einst Wohnungen, neu gestaltet, und es dünkt mir, man müsste schön wohnen da oben in luftiger Höhe, wo man auch Sonne abkriegt, und nicht wie damals, als die liebe Sonne nur spärlich zwischen Gassen und Mauern fand. An das Haus Bopp erinnert mich nur noch das Kellerfensterchen in der Ringstraße, und jedesmal, wenn ich da vorbeigehe, schiele ich hinüber und denke an die dunklen Nächte, als wir dort unten im Luftschutzkeller hockten, uns angstvoll umklammerten bei dem unheilvollen Brummen und den Bombeneinschlägen und zu der kleinen Öffnung in der Kellerwand hochstarrten, die uns als Notausgang dienen sollte. Glücklicherweise blieben wir davon verschont.

Fast jede Nacht heulten in den letzten Kriegsjahren die Sirenen und zwangen die Menschen, die Luftschutzräume aufzusuchen. Betten und Hausrat waren längst nach unten in die Luftschutzkeller geschafft worden, die bald zu feuchten Wohn- und Schlafstätten wurden. Alle Lichtquellen mussten mit schwarzer Pappe abgedunkelt werden, damit kein Lichtschimmer die Menschen nach oben verriet. Jedes Jahr zu Weihnachten beim Anblick von Lichterketten und Lichterflut kommen die Erinnerungen, und auch die Angst vor neuer Bedrohung. Die Zeiten sind anders, nicht minder ohne Sorgen und Nöte. Arbeitslosigkeit, Existenzangst, Terror und Verkehrsunfälle beherrschen die täglichen Schlagzeilen.

Auf der anderen Seite am Torturm sind die neuen Häuser längst ins Stadtbild eingegangen.

Vergangenheit die „Bäckerei und Wirtschaft Chr. Mann", die es einst an diesem Platze gab, zu der ich so oft hin-

übersprang: „Hol' g'schwend a Brot vom Bäckemann ...",
was ich mir nicht zweimal sagen ließ, denn „Bäckebrot"
gab's recht selten und nur, wenn das selbstgebackene Brot
nicht ausreichte bis zur nächsten „Bachet", die höchstens
alle zehn Tage stattfand. Und ebbes ganz Besonderes war
es, ein paar Kipfle, Milchbrote oder Brezeln zu kaufen.
Drei Pfennig kostete das Weckle und vier Pfennig die
Brezel, was aber damals viel Geld war.

In der Wirtschaft daneben saßen am Feierabend ein paar
Leute und tranken ihr Bier oder Viertele zum Vesper.
Hinten im Hof gab es noch die Mosterei, wo es im Herbst
hoch herging mit dem Mosten von Obst und Trauben.
Dann gab es süßen Most und süßen Wein direkt von der
Presse und die Fässer im Keller wurden neu gefüllt.

Eng verwinkelt war die Schmale Gasse dort damals, heute
dringt Sonnenschein hinein und zwischen die hellen Mauern der Häuser, ganz neue Perspektiven eröffnen sich zur
Karlstraße hin.

Endlich ist auch das alte Sattler-Schweyher-Haus an der
Nordseite vom Köllesturm verschwunden. Längst war es
keine Augenweide mehr. Armselig und verlassen stand es
da, das kleine Haus, das mir zu meiner Kinderzeit doch so
gar nicht schäbig, sondern groß und stattlich erschienen
war.

„Sattler- und Polstergeschäft" stand auf einem ausladen-
den Schild über der Werkstatt. Drinnen saß der „Sattler-
Schweyher" auf seinem Hocker und klopfte und hämmerte
und schaffte. Jeden Morgen kamen seine Kunden: Bauern,
die Halfter und Kummete zum Flicken brachten, Schulkinder mit ihren lädierten Bücherranzen, oder Frauen mit
aus dem Leim geratenen Taschen und dergleichen.

Der Meister flickte alles, nach ordentlich schwäbischer
Handwerkerart, dass man es wieder gebrauchen konnte,
und es hielt mindestens bis zur nächsten Generation. (Bloß
brauchte es dann niemand mehr)

Des „Sattler-Schweyhers" Hauptgeschäft aber war das

Polstern von Stühlen und Sofas und das Matratzenmachen, und manches Bönnigheimer Mädle hat dort seine Aussteuermatratzen herbezogen.

Im kleinen Hof neben dem Haus breitete Meister Schweyher den grasigen Matratzeninhalt aus und formte die Teile, aus denen dann später haltbare dreiteilige Matratzen wurden, die einem langen Eheleben standhielten. Niemand dachte daran, die Teile nach einer gewissen Zeit auszuwechseln, die Matratzen hielten einen einfach aus.

„Dir mach' i b'sonders guete ...", hatte Nachbar Schweyher zu mir einst gesagt, was dann auch geschah. Die drei-
teiligen Matratzen hätten mich bzw. meine Betten bestimmt ausgehalten, wie einst die Betten der Eltern und
Großeltern, hätten nicht Neuzeit und Fortschritt die An-
sichten über Betten im Allgemeinen und dreiteilige Matratzen im Besonderen radikal revolutioniert.
Reges ländliches Leben breitete sich rund um den Köllesturm aus, in dem kaum ein Auto oder Motorenlärm
störte. Da war noch ein Gutenmorgengruß von Fenster zu
Fenster möglich und man spürte nicht viel von nervöser
Hektik wie heutzutage.
Die ganze Ecke ist nun nicht mehr. Kein Schuhmacher
Göldenboth, der im Eckhaus vorne seine Schuhmacher-
werkstatt betrieb, wo ich bis zuletzt die reparaturbedürfti-
gen Schuhe hinbrachte, auf mein Elternhaus hinüber guckte und ein Schwätzle mit der Frau des Schuhmachers
hielt. Auch der noch recht junge Baum an der Ecke, der im
Sommer Schatten spendete und sein nicht mehr repräsen-
tables Dahinter verdeckte, durfte nicht bleiben.
Ein freier Platz ist nun da, der Köllesturm stellt seine
tadellos geflickten Mauern ungehindert zur Schau; nur an
der Westseite erinnert noch ein Streifen ungleichmäßiges
Gemäuer an die damals angrenzende Stadtmauer. Irgendwie macht der Köllesturm mit dieser kahlen Mauer einen
düsteren Eindruck, als wolle er seine mittelalterliche
Vergangenheit preisgeben.
Von beiden Seiten hat man nun Durchsicht, stadtein- und
stadtauswärts. Wie klein der Platz ist, auf dem die abgeris-
senen Häuser standen! Aber es war und ist Heimat für die,
die darin aufgewachsen sind. Wie oft bin ich da hinüber
gesprungen, zur Dote oder zu Nachbars Gertrud, die so alt
war wie ich. Wir haben gegenseitig in den Stuben gesessen und unsere Hausaufgaben gemacht oder gespielt.
Spreng g'schwend nüber ... Gedanken an früher zerflattern
in Wind und Wolken und werden schnell wieder zurück-

gerufen von kreischenden Bremsen und Motorenlärm. Ob er jemals wieder bebaut wird, der Platz meiner Erinnerungen? Wo es mit der beschaulichen Ruhe von einst für immer vorbei ist?

Spreng schnell ...

Einziger Arzt am Ort war vor dem Krieg Doktor Kuder. Er war aller Leute Hausarzt und betreute nebenbei noch das Bönnigheimer Krankenhaus, unterstützt nur von zwei Schwestern. Viele Patienten wurden dort wieder hergestellt, ebenso wie es für viele Neugeborene der Start ins Leben war. Das Krankenhaus stand dort, wo heute das Kleeblattheim Betreuung für den Lebensabend bietet. War es aber schlimm mit dem Kranksein zuhause, so musste der Doktor geholt werden. Telefon hatten die Wenigsten. Also hieß es: „Spreng schnell ..." Hinaus in die Erligheimer Straße, wo der Doktor wohnte und auch seine Sprechstunde abhielt. Dort schellte ich an der Haustürklingel. Wenn oben jemand zum Fenster rausguckte, vermeldete ich meine Bestellung und der Herr Doktor möge doch bitte kommen, was dann auch geschah. Er wirkte immer sehr respektvoll, wenn er gemessenen Schrittes unsere „Stege" heraufkam, als hätte er einen Stock verschluckt.
„Na, wo fehlt's denn ...?" Gewissenhaft untersuchte der Herr Doktor, verordnete Akonit-Kernchen und Lebertran und Fußübungen gegen Plattfüße, deren Ausführung unser Vater genau überwachte. Der allseits heilsame Lebertran war wohl der Schrecken mancher Kinderzeit. „Morgens und abends einen Löffel voll" – und so sehr man sich auch wehrte, der Lebertran musste runter! Einmal aber stank die weiße harmlos aussehende Emulsion so fürchterlich, dass sie nicht zu schlucken war und wir sie auf unsere stets bedürftige „Stege" schmierten.
Was der Doktor verordnete, holte man in der Apotheke am

Marktplatz. Solange ich denken kann, residierte dort der Apotheker Ludwig Kehrwald. Er war ein Original in seiner Art und aus der Apotheke nicht wegzudenken. Die riesigen Töpfe und Tiegel in den Regalen gehörten ebenso zu dem kleinen, fast kahlköpfigen Mann mit der funkelnden Brille wie das kleine Tischchen und der Stuhl in der Ecke, wo er einen warten hieß, bis er die verordnete Medizin zusammengestellt hatte. „Frisch vom Fass" – lautete seine Devise. Und „Kehrwalds Neunerlei Gliederöl" half bestimmt!

Nachfolger von Dr. Kuder war Dr. May, unserer Generation noch in bester Erinnerung. Lange Zeit war er Chef im Bönnigheimer Krankenhaus; vielen Kindern verhalf er dort zum Start ins Leben. Auch meine Kinder sind dort geboren. Ganz besonders angenommen hatte er sich den Krebskranken. Allein schon der Mut, den er weitergab, verhalf zu neuem Lebenswillen. Als Dr. May plötzlich und unerwartet starb, fehlte er sehr.

So manche Episode rankt sich um Dr. May. In den fünfziger Jahren war es, dass es eine wahre Epidemie von Blinddarmentzündungen gab und Dr. May Abhilfe schaffte. Auch mir hat er mitten in der Nacht den Blinddarm rausoperiert. Damals gab es die Narkose noch mit Äther und es dauerte längere Zeit, bis man danach wieder munter wurde. Im Krankenzimmer lagen fünf weitere Patienten, die mir so lange zusetzten, bis ich lauthals zu singen anfing: „Alles neu macht der Mai ..." Ich erinnere mich, wie ich an meinem eigenen Gesang aufwachte.

Ein Wengerter sollte am Meniskus operiert werden. Da der Patient ein wenig Angst vor der Operation hatte, führte er sich am Vorabend ein gutes Fläschle Wein zu Gemüte. Aber trotz dem Schlummertrunk wollte es dann mit dem Einschlafen vor der Operation nicht so recht klappen und man musste mit dem Narkosemittel noch ein wenig nachhelfen. Doch das war wiederum zuviel des Guten, der Patient wollte nun danach nicht mehr aufwachen. Da spürte er plötzlich, wie ihm jemand links und rechts an die Backe haute, und von ganz weit her hörte er es fragen: „Nun, was trinken Sie denn lieber, einen Roten oder einen Weißen ...?" Da wurde unser Wengerter plötzlich munter, prompt kam die Antwort: „Beides ist angenehm, Herr Doktor!"

Das hatte einst der Fuhrknecht, der dem Herrn Bozenhardt die bestellte Ware brachte, auf die Frage geantwortet, was er denn lieber hätte, ein Schnäpsle oder ein Zigärrle? „Beides ist angenehm, Herr Bozenhardt!" Dieser Ausspruch wurde später in Bönnigheim zum geflügelten Wort und bei jeder entsprechenden Gelegenheit angebracht.

Aus dem Haus Bozenhardt – Konditorei und Kolonialwaren – ist heute das Turmstüble geworden. Südliches Flair umfängt einen im Hof, gerade dort, wo früher des Herrn Bozenhardts Osterhasenwerkstatt war. Dort fabrizierte er süße Kinderträume zu Ostern und Weihnachten, die Nachbarskinder spickten sehnsuchtsvoll durchs Tor und kriegten auch vom Herrn Bozenhardt immer was zugesteckt.

Als der Sohn des Hauses, Dr. Karl Friedrich Bozenhardt, erfuhr, dass ich mich seiner Heimatstadt und seines Elternhauses mit den „Nachbarschaftserinnerungen" so liebevoll, wie er sagte, angenommen hatte, ließ er mir laufend seine wundervollen Zeichnungen mit Motiven aus dem alten Bönnigheim zukommen. „Zur Verschönerung Ihres Hausganges", schrieb er dazu. Im Laufe der Zeit wurden es immer mehr Bilder; sie spiegeln ein längst entschwundenes Heimatstädtchen wider; auf einem dieser Motive ist noch der Brunnen vor dem Torwärterhaus zu sehen.

Eine dieser Farbzeichnungen habe ich dem jetzigen Betreiber des Turmstüble gebracht, um ihm zu zeigen, wie sein Haus früher ausgesehen hat. Ob er es vielleicht zur Erinnerung aufhängen möchte? Aber er sah mich nur groß an, drehte und wendete das Bild und konnte nichts damit anfangen. Im Turmstüble hängen nun Bilder aus seiner Heimat. Dort, wo man früher Lebensmittel und Dinge des täglichen Bedarfs kaufen konnte, es zu Weihnachten Schokoladen-Pelzmärte und zu Ostern Zuckerhasen gab, wovon die Kinder dann beim Einkauf ein wohl „vergrotenes" Exemplar abkriegten und glänzende Augen bekamen, dort gibt es nun Pizza und griechische Spezialitäten; man kann im Biergarten sitzen und sich an warmen Sommerabenden in Urlaub und den sonnigen Süden hineinversetzen lassen.

Die Ringstraße mit dem Blick auf das malerische Haus ist geteert, keine Ackerwagen und landwirtschaftlichen Gerätschaften mehr, an denen ich mich so oft bei der in der Kriegszeit herrschenden Dunkelheit angestoßen und Blessuren geholt hatte, wenn ich zum Milchholen in das Milchhäusle ging, das früher zugleich Mittelpunkt und Treffpunkt der Jugend war. Noch nach dem Zweiten Weltkrieg gab es über zweihundert milchabliefernde Bauern, die am Morgen und am Abend ihre gefüllten Milchkannen zum Milchhäusle brachten, und die Milch von den Verbrauchern literweise wieder abgeholt wurde. Nur wenige der Landwirte betreiben heute noch Milchwirtschaft, allerdings in ganz anderem Ausmaß wie bei der Kleinlandwirtschaft damals.

Erinnerung an Dr. May

Der Ischias, der plagt den guten Ma,
dass er schiergar nemme grotteln ka!
Vom Steiß her zieht dr Schmerz in Schenkel
und tobt sich aus in jedem Wenkel;
hende g'fallt's ihm b'sonders gut,
als wär des en Festplatz, wo mr tanze duet!
Was er au macht, ob schaffe, schlafe,
der Kerle tut ihn elend plage;
der fahrt'm rom on zwickt on zaust –
es hilft koin Schnaps, au wenn'r'n sauft!
Jetzt wird's ihm z'domm, jetzt packt'n d'Wut:
wozu ist auch en Doktor gut?
Zum Doktor sich der Ma jetzt schleppt,
kommt schiergar nemme nuff die Trepp' –
hockt sich en Stuhl nei, schmerzverzerrt,
beißt uff'd' Zäh', dass mr' knarfeln hört ...
Glei fahrt's ihm wieder nei in die Henderbacke,
er muss im Wartezimmer warte ...
Endlich kommt er jetzet dra,
vorsichtig hockt'r uff des Doktors Stühle na ...
„Komm, leg' dich rauf auf diesen Schragen,
und zeig' mir, wo's dich so tut plagen ...“
Er krepselt auf den Schragen nuff,
dr Doktor zieht die Spritze uff ...
Dr Ma, er liegt – ha ihm geht's gut,
er wart', dass ihm's au neifahre tut ...
Doch schlag me's Blechle, jetzet grad,
hat dieser Ischias scheints sein Ruhetag!

Schmerz lass nach, dr Doktor kommt ...
Wo isch er Punkt, wo isch dr's kromm?
's isch wie verhext, es ka net sei,
es fahrt ihm oifach net dort hende nei!
Jetzt, wo tut's weh? Die Spritze blitzt –
vor lauter Warte onser Ma bloß schwitzt ...
Er liegt, der Dinge harrt,
der Doktor schließlich nemme wart':
Jetzt steig' halt runter, kommst halt wieder,
wenn dr's neifahrt en dei Glieder!
Der glaubt wohl, i dät simuliere -
sachte ra vom Schrage g'stiege ...
Da – wie er wieder Fuß duet fasse,
fahrt's ihm henderlistig en sein Backe!
Er schreit vor Schmerz, klemmt alles zamme,
der Doktor duet die Spritz' neiramme ...

Spreng g'schwend zur Dote ...

Eine Dote, Patin, hatte ich auch im Haus der Großmutter in der Kernerstraße 8. Die Dote Karoline hatte aus irgendwelchen widrigen Umständen nie geheiratet, sie war und blieb unsere Familientante. Keine Konfirmation, keine Hochzeit oder Kindstaufe, wo man nicht die Dote Karoline zu Rate zog. Kaum dass man selbst wusste, dass man guter Hoffnung war, merkte es die Dote Karoline schon und fing an, Kittelchen und Höschen zu stricken. Sie betrieb im Haus der Großmutter eine Weißzeugnäherei, und mehrere Mädchengenerationen haben dort ihre Aussteuer gefertigt, Bettbezüge, Kissen und Haipfel genäht, die Knopflöcher fein säuberlich mit Knopflochstich versehen und jedes Stück mit handgesticktem Monogramm verziert. Der Nähkurs im Winter war sicher für viele Mädchen Weiterbildung und willkommene Abwechslung im Alltag eines Landmädchens. Krönung des Nähkurses und sozusagen das Gesellenstück war das für den Liebsten genähte Oberhemd, was wohl nicht immer so einfach war:

... und sie seufzet: ist das schwer,
wenn's doch nur schon fertig wär!
Denn zum Schrecken
muss man da entdecken,
dass der schöne Hemdenkragen
sitzet unterhalb vom Magen ...

Als ich neun war, begann der Zweite Weltkrieg. Ich war die Jüngste von Großmutters vierzehn Enkelkindern, wenigstens von den hier ansässigen. Bereits zu Beginn des Krieges mussten die Größeren einrücken, zum Wehrdienst oder auch zum Arbeitsdienst, und so verblieb es mir, bei der Dote und der Großmutter zu helfen, wo immer es nötig war, in Haus und Garten, in Wengert und Acker, oder auch Botengänge zu verrichten und die ausgebesserte Wäsche auszutragen.

43

Zu meinem Leidwesen war das nicht, ebensowenig wie das Rüberspringen zur Dote in der Karlstraße. Das geräumige Haus der Großmutter war mir von Kindheit an vertraut; jeden Sonntag traf sich dort die Familie nach den Sonntagsspaziergängen, und die Feiertage wie Weihnachten und Ostern waren vertraute Ankerplätze im Jahreslauf. Das große Baumgut neben dem Haus war unser Kinderparadies, wo wir den Osterhas suchten, im Gras spielten und natürlich helfen durften bei der Obsternte. Weiter unten in der Kernerstraße gab es den großen Gemüsegarten, in dem alles wuchs, was der tägliche Bedarf an Gemüse erforderte. Dort gab es das ganze Jahr über Arbeit für uns Enkelkinder, was mehr oder weniger auch zu unserem Vergnügen war. Bei der Großmuter war man eben zuhause, wir liebten sie über alles, eine bessere Großmutter wie die unsrige gab es nicht. Den Großvater habe ich kaum gekannt, er ist mir nur noch in Erinnerung, wie er als alter Mann im Ohrensessel saß und mir kaum noch die Hand geben konnte. Dabei war er damals erst vierundsiebzig.

Der Großvater betrieb das vom Vater einst übernommene

Baugeschäft weiter, unzählige Häuser im Ort verdanken dieser Bautradition ihr Entstehen. Da aber keine der sechs Töchter einen Bauhandwerker heiratete und der einzige Sohn im Gegensatz zu den Mädchen eine höhere Schule besuchen und schließlich studieren durfte, blieb dem Großvater keine andere Wahl, als sich nach einem Nachfolger für das Baugeschäft umzusehen. Dann aber brachte der Zweite Weltkrieg einschneidende Veränderungen, die keine Fortführung des Betriebs mehr möglich machten. Der Großvater habe sehr darunter gelitten, sah er doch sein und seiner Vorfahren Lebenswerk entschwinden. Neunzehn war er gewesen, als sein Vater starb und er den Baubetrieb übernommen hatte, nun drohte der für immer der Vergangenheit anzugehören.

Ich selbst kannte die Betriebsamkeit dieses Geschäftshauses nur noch aus Erzählungen meiner Mutter. Wie die Töchter z.B. dem Vater das Mittagessen auf die Baustelle bringen mussten, wenn diese zu weit entfernt lag, um rasch über Mittag heimzukommen; so wie seinerzeit nach Cleebronn zum Schloss Magenheim, als dieses umgebaut wurde. Um elf Uhr seien sie mit dem Essentraghäfele losgelaufen, um pünktlich mit dem warmen Essen beim Vater auf der Baustelle zu sein. Und oftmals wurden sie gescholten, wenn sie durch irgendwelche Umstände nicht rechtzeitig da waren oder das Essen nicht mehr warm genug war. Sehr streng sei der Großvater gewesen und manchmal unerbittlich in der Erziehung seiner Kinder. Diese vermeintlich so nötige Strenge hat sich fortgesetzt bis in unsere Generation. Gehorchen war erstes Gebot, wehe wenn man aufmuckte und sich wehrte. Die Prügelstrafe war an der Tagesordnung, zuhause wie in der Schule, der Stecken stand immer griffbereit in der Ecke. Es schuf kein Vertrauen und vor allem kein Selbstbewusstsein. Gehorchen, stille sein bei Tisch und den Teller leer essen, sich fügen und ja nicht eine eigene Meinung äußern, die doch nach dem Krieg so zwingend notwendig wurde. „Den eigenen Willen brechen ..." Die Eltern wurden so erzogen; sie hielten es für richtig, ihre Kinder auch in diesem Zeitgeist zu erziehen. Ich würde einmal meine Kinder nicht verhauen und ganz anders behandeln, das schwor ich mir damals.

Heute ist vieles anders. Die Prügelstrafe ist abgeschafft. Warum erkannte man so spät, dass Schlagen entwürdigend ist, für Kind und Erzieher, dass es nur Hass und Verachtung erzeugt, und niemals Vertrauen fördert? Obwohl – ein wenig mehr Strenge und Ordnung könnte auch heute nicht schaden. Dass Großmütter anders sein dürfen, das weiß ich heute auch.

Fast jeden Sonntag traf man sich nach dem obligatorischen Sonntagsspaziergang in Großmutters Stube, alle passten sie da rein und fanden sich zusammen. Da hieß es dann auch: „Spreng schnell mit'm Krügle in den Keller ..." Und ich sprang und hielt das Krügle untern Hahnen am Weinfass, füllte es und sprang wieder nach oben, mehrmals an so einem Sonntagmittag. Ich erinnere mich aber, dass es mir da oft ein wenig unheimlig wurde in dem dunklen Keller, der jedoch im Laufe der Kriegsjahre zur wohlvertrauten und häufig aufgesuchten „vermeintlich sicheren Bleibe" wurde, was das Gruselige milderte.

„Spreng schnell" – es wurde zur täglichen Gewohnheit. Und zur Großmutter gehen – das ließen wir uns nicht zweimal sagen! Wenn die „Bachet" anstand, sprangen wir nochmal so gerne.

Die Backkörble mit den teigeten Laiben wurden kunstgerecht auf den immer bereitstehenden Schubkarren gesetzt, obenauf kamen die Kuchen, Kartoffel- und Zwiebelkuchen oder auch Obstkuchen, Großmutter setzte sich das Beischtle auf den Kopf und das letzte Backkörble obenauf – und wir schoben los ins Backhaus. Hund Molli rannte eifrig nebenher. Einmal haben wir an der Ecke die ganze teigete Ladung geschmissen! Wir haben alles tapfer wieder eingefasst und ins Backhaus gefahren, so zimperlich war man zu diesen Zeiten nicht. Und war es auch manchmal bloß ein Salzkuchen, weil es in den Kriegszeiten nicht zu Üppigerem reichte, ein Festtag war der Backtag allemale!

Schulkamerad Wolfgang hat erzählt, wie er einmal so einen teigeten Laib geschmissen und sich halt beholfen habe:

„Spreng schnell", sagte Mutter Rückle und beigte dem Wolfgang die Brotkörble mit den teigeten Laiben aufs Leiterwägele. Der Wolfgang packte die Deichsel, rannte die Karlstraße entlang, am „Rössle" vorbei die eingeschotterte Gasse hinunter zum Backhaus am Backhausbergele. Dort angekommen, zählte er seine Laibe - und es fehlte einer! Schnell rannte er den Weg zurück und siehe da – da lag der vermisste Laib doch mitten in der Gasse, neben einem frischen Kuhfladen. Der Wolfgang wusste sich zu helfen: er fasste rasch den teigeten Laib ins Körble und rannte zurück ins Backhäusle, wo die Frauen alles bereits „eingeschossen" hatten und nur auf den letzten Laib warteten.

Das Brot wurde gebacken, knusprig und braun. Nur daheim, wo alle schon aufs neubackene Brot warteten, was immer ebbes besonders Gutes war, knarfelte der Vater

Rückle, der ja blind war, am Knäuzle und verzog das
Gesicht: „Was hend'r denn heut' wieder alles neibache ..."

Weil die Großen dem Bosseln allgemein entwachsen,
war i als Sprengerle stets auf Achsen;
doch die Erinnerung ans Kinderparadies
die vierzehn Enkel nie verließ: Wie wir
die „Bachet" auf dem Schubkarren ins Backhaus schoben,
das Leiterwägele in Garten und Wengert zogen ...
Rebenlesen, Pfahlstupfen, Spritzbrühtragen –
und leer'mr's no net in dr Krage –
Wengertfelge, Beeren zopfe,
und em Garte O-kraut ropfe;
Trauben treppeln, Schwärmer pfeffern,
am Wengertroile Luggeleskäs veschbern;
mit'm Flambo heimwärts zockeln,
in der Scheuer Welschkorn brockeln ...
Für die Dote Wäsch' austrage,
mit'm Molli im Karree romjage ...
Unvergleichlich war Großmutters gute Stube,
wo sich des Sonntags traf die Großfamilie Schube;
und was wäre auch der Heilige Abend,
ohne Großmutters Stube, wo sich alle labten;
wenn wir hinterm Tisch gesessen, bei
Kerzenschimmer Zimmetstern und Schnitzbrot gegessen.
Die große Bank, die barg das Märchenbuch
und andere Schätze, die wir oft gesucht;
die Fotos drüber an der Wand
studierten wir mit Eifer und Verstand.
Und wurde es uns dann zu eng,
entwischten wir in Scheune und den Oberleng,
was aber niemals nicht entging
Familientante Karolin!
Sie packt' uns handfest am Schlawittchen
und kühlte schleunigst unser Mütchen!
An Ostern suchten wir den Osterhas

im Baumgut zwischen Veilchen und dem jungem Gras,
während ein Gesundheitstränkle
die Großen labte beim Familienbänkle.
Eifrig spitzten wir die Ohren in der Runde
beim Vorsitz in der Geisterstunde ...
Großmutters Heim, es war der Hort,
Geborgenheit in Krieg und Not,
„Behüt' dich Gott" ihr täglich Brot.

Unser Baumgarten-Paradies endete oben an der Kerner-straße, dort war für uns „die Welt mit Brettern vernagelt", auf der anderen Seite des Weges befand sich lediglich noch das Holzlager vom Schreiners-Döte. Hier oben bei uns gab es eine Reihe knorriger Weidenbüsche, die Bieg-weiden für die Reben lieferten oder auch Weiden zum Flechten von Körben und dergleichen. Als Kinder suchten wir an Ostern bei gutem Wetter unter diesen Weidenbü-schen den Osterhas, der sich dort angeblich recht gern niederließ. Die heute verlängerte Karlstraße war früher ein breiter Feldweg, dazwischen befanden sich bis hinauf zum Lauerweg Wiesen und Baumgrundstücke. Ende der 60er Jahre wurde die Karlstraße ausgebaut und das Gebiet nach und nach erschlossen und bebaut.

Wie auch die Stadt an allen Flanken gewachsen ist und die Einwohnerzahl das Doppelte beträgt wie in der Vorkriegs-zeit.

Eine wahre Weihnachtsgeschichte um 1900

Die Hebamme kommt ins Schube-Haus,
man wartet auf ein Kindle dort ...
Aufgeregt der junge Vater steht vor Ort –
und es wär halt eine Ehr',
wenn das Erste gleich der Stammhalter wär!
Wo es doch seit vielen Jahren Tradition,
dass das Baugeschäft übergeht auf den Sohn.
Das Kind – es tut den ersten Schrei ...
Ja was – ein Mädle, man sieht's gleich!
Man mag es drehen oder wenden:
Marie – Mariele – heißt dies Kindle!
Die Kindsmagd zuerst, das hat Gewicht,
und schließlich bleibt's bei einem nicht ...
So ist die Freude doch recht rund,
Mutter und Kind wohlauf und gesund!
Die Kindsmagd ist ja noch recht klein,
als eineinhalb Jahre später Karoline stellt sich ein!
Doch konnte dies, es ist erwiesen,
den Vater Wilhelm nicht verdrießen:
denn gleich darauf im nächsten Jahr
Luise in der Wiege lag!
Und ist der Vater Wilhelm auch enttäuscht,
der Stolz ihm Würde hier erheischt!
Fast zwei Jahre lässt er sich jetzt Zeit,
bevor dem Storch er neu Bestellung weist.
Mit Bedacht und Überlegen,
nimmt Maß an andern Bubenvätern ...
Doch geht die Kunde bald durchs Städtle:
Des Schubes viertes Kind ist wiederum ein Mädle!
Oh Wilhelm – was machst du bloß falsch?
Gutgemeinte Ratschläg' sitzen ihm im Hals ...
Gedankenvoll betrachtet er sein rundes Weib,
wie's ihr zumut' im Dunkeln bleibt.
Und als man jetzt die Hebamme ruft,

verdrückt er sich zum Bau,
im Kopf 'en Bub, im Magen flau ...
Voll Ungeduld schafft er drauf los,
als ging es drum, dass dieses Kind nun kriegt „a Hos" ...
„Vadder", ruft's jetzt von der Gasse her,
munter die drei Töchter springen her:
„a Schwesterle hen mr kriegt! Komm schnell on guck ..."
Doch ärgerlich, verwirrt, der Vater ruft:
„Machet'r net, dass ihr hoimkommet, ihr Lombeburscht!"
Die Kinder, sie begreifen's nicht -
hier hat der Storch sich wohl geirrt
und hat im Dunkel von dem „Kendlesbronne",
halt nicht die richtig' Auswahl g'fonde!
Der Wilhelm kommt, find't Kind und Mueder,
ein schon gewohntes Bild, doch suchen tut er ...
sie schluchzt und nickt:
die fünfte Tochter hat das Licht der Welt erblickt!
Und weil es nun der Mädle viele,
wird dieses Kind genannt Sofiele!
Vater Wilhelm – gesegnet bist du allzumal,
und die Aussteuer später gibt auch eine runde Zahl!
Doch wird's dem Vater warm ums G'müt,
betrachtet er das zart' Geblüt -
und dass die Mädle alle recht gedeihen,
lässt ihn das Probieren nicht gereuen.
Fast drei Jahre gehen nun ins Land,
bis der Wilhelm wieder kriegt den Rang.
Einmal noch, dann wird er's stecken –
auch wenn sie ihn mit „bloß Mädle" necken!
So ist das halt, wenn man die Hauptsach' vergisst ...
Gutmüt'ger Spott ist ihm gewiss ...
Ob's Weib kann ebbes dazu tun,
dass es diesmal wird 'en Bub?
Doch d' Mueder hat vor lauter „Burscht"
kein' Kopf für solchen dummen „Gruscht"!
Auch weiß die Hebamm' aus Erfahrung raus:

„Was der Beck einschießt, holt er auch wieder raus!"
Der Mueder ist es diesmal gar nicht gut,
im Bauch ihr's arg rumoren tut ...
Sie seufzt, und hätt's gern überstanden –
Geb's Gott, dass diesmal „ebbes dranne"!

Dezember wird's, Weihnachten naht –
die Windeln holt man aus dem Schlag:
Marie, Karoline, Luise, Pauline und Sofie, das ist fein:
Das Christkind bringt euch heuer ein Geschwisterlein!
Der Wilhelm – im Gesicht ganz grau –
's ist Christtag, er kann sich nicht verdrücken auf den Bau!
Schnell doch – ruf' die Hebammsbase!
Diesmal ist es nicht zum Spassen!
Die Base kommt, das Kindlein auch,
ein Prachtkind ist's, und es gleicht den andern haargenau!
Kehrt macht der Wilhelm in der Türe –
ihn wird gewisslich niemand mehr verführen ...
Im Ratsstüble er Zuflucht sucht –
Trost im Wein hat mancher schon gesucht.
Doch daheim – da kommt noch eins, und dem bressierts,
ganz klein ist es, und arg blessiert ...
Man hält es hoch und klopft und streicht,
bis endlich kommt des Kindes erster Schrei!
Vor lauter Batschen man ganz übersieht,
dass dieses Kindlein ja bezipfelt ist!
Oh schnell – Mariele spreng -
und sag dem Vadder, ein Brüderchen ist uns g'schenkt!
Mariele tut, wie ihr geheißen,
doch will's der Wilhelm nicht so schnell begreifen ...
Aber schließlich leuchtet es ihm ein:
Ein Bub dem Mädle folgte drein!
Elise und Wilhelm - doppeltes Glück –
und sieben Kinder im Familienglück!

Als Nachtrag wäre dazu noch zu sagen, dass der Bub auf
Familienbildern immer stehen musste, um gleich groß wie

seine auf einem Stuhl sitzende Zwillingsschwester zu wirken. Der Wilhelm hat aber in seinem ganzen späteren Leben immer das Sagen in der Familie gehabt, bis in die Nachfolgegeneration hinein.

Lehrjahre und Viehzeug

Das Viehzeug hat meine Kindheit und Jugendzeit nachhaltig beeinflusst.

Bis hinein in die Nachkriegszeit war es auf dem Land üblich, der Eier wegen möglichst Federvieh zu halten und auch Stallhasen, die einen wesentlichen Beitrag zum Sonntagsbraten lieferten. In den Notjahren war das fast unabdingbar, wie auch der Gemüsegarten und der kleine Acker, wo Kartoffeln und manchmal auch Getreide wuchsen. Allerdings mussten alle selbst erzeugten Nahrungsmittel aufgenommen und gemeldet werden. „Teilselbstversorger" hieß es dann, im Gegensatz zum „Vollselbstversorger", dem Landwirt. Das entsprechende Produkt wurde an der Lebensmittelmarken-Zuteilung abgezogen. Das „Ziefer" war ein sichtbarer Bestandteil des ländlichen Lebens, und je nach Besitz krähte der Hahn auf kleineren und größeren Misten in den Gassen. Pferde- und Kuhfuhrwerke zockelten gemächlich mit ihrer Fracht durch den Ort, Gänse trotteten im Gänsemarsch mitten auf der Straße hinaus zum Gänsegarten, wobei sie kaum ein Auto oder Motorfahrzeug störte. Zu Beginn des Krieges wurden die wehrtüchtigen Pferde zum Kriegsdienst eingezogen, so dass die Ackergäule recht selten ihren so wertvollen Dienst in der Landwirtschaft verrichten konnten und die Kühe als Zugtiere, als „Nutz- und Schaffkühe", herhalten mussten, was sich wiederum an der so dringend benötigten Milch negativ auswirkte.

Auch im Höfle meines bescheidenen Elternhauses direkt am Köllesturm gackerten anfangs noch Hühner; sie flatterten aufs Backhaus, das damals dort am Köllesturm noch in Betrieb war, oder auf die Reste der alten Stadtmauer und in die Nachbarschaft und erregten so manches Ärgernis.

Manchmal verirrten sie sich auch in die Hauptstraße und gerieten unter die Räder eines Fuhrwerks, was schließlich ihr Dasein in unserem Haushalt beendete.

Ein Hasenstall im kleinen Kämmerle im Erdgeschoss hatte aber immer noch Platz neben dem Hut- und Mützenladen, den mein Vater neben seiner Arbeit bei der Firma Amann betrieb, und der besonders nach Feierabend und am Samstag regen Zuspruch fand. Es gab im Ort nur diesen einen Hut- und Kappenladen, die männliche Kopfbedeckung gehörte zu dieser Zeit noch unbedingt zur Kleidung. Auch die Damen gingen in der Regel nicht ohne Hut. Dafür gab es dann das Putzmachergeschäft der Emilie Bihl in der Meimsheimer Straße, das allerlei Kreationen für die modische Kopfbedeckung der Damen hervorbrachte. Man ging nicht ohne Hut in die Kirche, das gehörte sich einfach nicht. Auch wir jungen Mädchen trugen im Winter mit Stolz unsere aus Hasenfell selbstgefertigten Pelzmützen.

Im Dritten Reich wurden dann die SA-Mützen und die Arbeitsfrontmützen, die Skimützen für die Jungen und die sportlichen Schildmützen, im Winter auch mit Ohrenklappen und Ohrenschützer, aktuell, alles heiß begehrte Kopfbedeckungen, ohne die es einfach nicht ging.

Fast jede Woche karrte der Postbote auf seinem großen Schubkarren die Mützenkartons an, sehr zur Freude von uns Kindern, wenn wir die Kartons helfen auspacken durften. Wenn Krämermarkt war, musste der Postbote oft zweimal in der Woche kommen, Vater hatte einen eigenen Stand auf dem Markt. Entsprechende Abzeichen wurden mitgeliefert; die durften wir dann an die neu erworbene Mütze anstecken.

Ein Hutkauf erforderte schon längere Beratung und Zeit. Prüfend betrachtete Vater den Kunden und stellte den Kopfumfang fest. Auch Zylinderhüte waren im Laden erhältlich, vornehmliche Kopfbedeckung an Festtagen und bei Festzügen; und ein Bräutigam ohne Zylinder wäre einfach undenkbar gewesen.

Dieses nun, ich darf's wohl sagen,
hat sich in meiner Kindheit zugetragen:

Der Bräutigam, er schellt an Vaters Ladentüre,
nimmt sich zusammen, tut sich kuraschiere:
'en Zylinder, bitteschön,
in Kürze soll's zur Hochzeit geh'n!
Dem Vater Kober ist's nichts Neu's:
„So – willst's packe – heidekreuz?
Hast dir's auch gut überlegt, das 'Selbander'?
g'heiratet ist nicht ‚Kappe g'handelt'!"
Er muss es ja wissen, wie das geht,
prüfend das Zylindermaß um des Kandidaten Haupte legt.
„Hast 'en Dickkopf, ja was Wunder,
langt die oberst' Schachtel runter,
gibt dem Chapeau-Claque 'en Schnipper –
und schon ersteht schwarzglänzend der Zylinder!
Auf des jungen Mannes Haupte setzt er diesen jetzt:
„Dort guck' in Spiegel, wie dir der Zylinder steht!"
Doch sieht der arme Kerle nix, weil ihm der Hut
über die errötend' Ohren rutschen tut ...
„Probierst halt den, eine Nummer kleiner,
doch der bockt auf – sapperlott, passt denn auch keiner?
„'s ist nicht so einfach, das Selbander –
's bressiert doch net, dass ihr mitnander ...?
Kannst vielleicht no a bissle warten,
demnächst wird 'ne neue Sendung Hüt' erwartet."
„Ha no, 's isch so, i sott halt scho –
weil halt mei' Braut, on überhaupt ..."
Der Ladentisch ist voller Zylinder,
i hock' daneben, mit den Füß' i schlenker,
und b'sinn und b'sinn mi, was der denn partout
so unbedingt jetzt packen muss?
Der Bräutigam steht da verlegen,
man ist jetzt schon in großen Nöten ...
„Dann nimmst den Hut halt grad in d'Hand,

wenn's so bressiert und nimmer langt!"
Und dann hat's zu dr Hochzich g'schosse,
on d'Leut' sind Hochzich gucke g'loffe ...
Der Hochzeitszug stelzt rein in d' Kirch',
die Orgel 'en Choral beginnt,
und ob Zylinder in der Hand oder auf dem Haupt,
das Allerwichtigste ist überhaupt,
dass der Bräutigam den bösen Krieg hat überlebt!
„Ja", haucht jetzt die zarte Braut,
und der Pfarrer 's junge Paar nun traut!
Um's Eck' der Hochzeitszug biegt ein,
in den Ochsensaal geht's jetzt hinein:
Voraus mit Kränzle g'schmückte Kinder,
dann junge Leut', noch unverheiret, und hinterm
Brautpaar schreitet, was schon an Erfahrung reifer.
Zum Festmahl gibt es Braten, Spätzle und Salat,
Chaudeausoße und Biskuit zum Nachtisch gab's;
und wenn's zum Abendessen Bratwürst' hat gegeben,
musst mr d' Lebensmittelmärkle b'häb zusammenlegen;
in den Kriegsjahren und der Markenzeit
ging voraus wochenlange Sparsamkeit!
Doch die Hochzeitsköchin gibt ihr Bestes heut,
zufriedenzustellen alle Hochzeitsleut'!

Jetzt wird g'feiert, Hochzeit halten die Jungen!
Per Arm dann später 's Städtle rauf und runter g'sungen ...
Und „Hochzichsträuß" hat's geben, für jeden ebbes,
das Brautpaar, es lebe hoch, und 's Kindle bald im Grätte!
Tanzen gehört natürlich auch zum Fest,
und Jung und Alt geht nicht so bald ins Bett!
So war's vor runden fünfzig, sechzig Jahren –
Vieles hat sich seither zugetragen ...
Die Technik hat uns überrollt,
und Hochzeitstische sind wieder pratzelt voll!

Gegen Ende des Krieges wurde es immer schwerer, den
passenden Zylinder zu finden, und es war auch nicht mehr
wichtig angesichts von Hoffen und Bangen ums Überleben. Schließlich verschwanden sie ganz, wurden nur her-
vorgeholt zu nostalgischen Festen und Aufführungen, wie
auch die Hutmode überhaupt aus dem Blickfeld geriet.
Andere Kopfbedeckungen übernahmen, Helme, Motor-
radkappen und zweckmäßiger Kopfschutz, die aufkom-
mende Motorisierung hatte eigene Erfordernisse.
Neben dem Laden gab es noch eine Werkstatt, ein paar
Quadratmeter groß nur, in der Vater sich am Feierabend
als Tierpräparator betätigte. Das war sein Hobby, wie man
es heute bezeichnen würde. Den Ausdruck „Hobby" gab
es damals noch nicht, der wurde erst in den Nachkriegsjahren im Zuge der allgemeinen Amerikanisierung und der
rasant fortschreitenden Technik eingebürgert. Und mit
dem Feierabend war es auch so eine Sache, zu viel wurde
da in den Tageslauf gepackt.
In der Werkstatt kreuchte und fleuchte das erstarrte Klein-
getier an den vier engen Wänden: Wiesel und Iltisse,
Hamster und Eichhörnchen, die ihren nie verzehrten
Nussvorrat vor sich hertrugen, alle Arten von Vögel hockten auf kleinen Ästen, breiteten die Flügel aus wie zum
Flug und spitzten die Schnäbelein, Schleiereulen lauschten
stumm auf ihre lebenden Artgenossen, die oben im Turm

zuhause waren, und der Nachtkauz guckte düster mit seinen Glasaugen auf die großen und kleinen wie lebendig wirkenden Gefährten; Bussarde und Adler breiteten weit ihre Schwingen aus unter der niedrigen Decke, Marder, Fuchs und Dachs hockten lauernd in der Ecke, und eine Katze schien gerade auf dem Sprung nach einem Mäuslein zu sein. Auf unserer Bühne fristeten ein Storch und ein Fischreiher ihr trockenes Dasein. Als Kind nahm ich immer an, der Storch sei derjenige gewesen, der mich als Kindlein aus dem „Kendlesbronne" hinten nahe am Wald

geholt hatte, und der dann die Mama so sehr ins Bein gebissen hatte, dass sie wochenlang das Bett hatte hüten müssen. So hatten sie es mir jedenfalls erzählt. Denn damals brachte ja der Storch noch die Kindlein, das Wort Baby war ebenfalls noch nicht gebräuchlich. Und der Storch kam ja auch jedes Frühjahr wieder und bezog sein Nest auf dem Burgdach. Irgendwann muss er es dann leid geworden sein, er blieb einfach weg, sei es wegen Auftragsmangel oder weil er mit dem neumodischen Wort „Baby" und der Pille nichts mehr anzufangen wusste.

Im Jahre 2008 allerdings, just am 1. April um 13,30 Uhr, landete wieder ein Storch auf dem Schlossdach. So stand es in der Zeitung. Misstrauisch beäugten die Leute das Gebahren, ob es sich vielleicht um einen vorprogrammierten Aprilscherz handelte? Aber der Storch blieb da, kam immer wieder zum Nest. Suchte sich sogar eine Gefährtin, mit der er einen halben Monat später eifrig schnäbelte.

Wird wohl auch Zeit, dass der Storch seiner angestammten Aufgabe, die Kinderlein zu bringen, wieder gerecht wird. Da aber in den 60er Jahren der Zeitgeist der Aufklärung Stellung bezogen hatte und spätestens in der zweiten Klasse das Geheimnis um das Kinderkriegen gelüftet wurde, dürfte es Gevatter Storch recht schwer haben, hier seinen alten Platz zu behaupten. Und so mag er es auch empfunden haben. Anfang Mai wurde das Storchenpaar noch gesichtet, dann aber nicht mehr. Das Storchennest blieb leer. Allerdings seien die Störche im Juni wieder im Nest gesehen worden. Laut Zeitungsnotiz gibt es bei Familie Storch auch Nachwuchs in der Tripsdrill, wo sich die Betreiber des Erlebnisparks liebevoll um den Erhalt der Weißstörche kümmern.

Meistens holten die Leute ihre ausgestopften Lieblinge nach dem Präparieren wieder ab, als stumme Gesellschafter ihrer Tage. Bei den Katzen war es anders. Im Sack strampelnd wurden die kranken Tiere gebracht. Wir Kinder verzogen uns dann schleunigst und hielten die Ohren zu, denn Vater pflegte die leidenden Viecher mittels dem Schrotgewehr ins bessere Katzenleben zu befördern. Das Katzenfell wurde mit dem entsprechenden Namen versehen, zum Trocknen aufgehängt und dann zum Gerben gebracht, wonach es seinem ehemaligen Besitzer zurückgegeben wurde, um ihm das Zipperlein zu vertreiben.

Ein recht seltenes Ereignis war es, wenn wir an manchen Winterabenden bei Vater in der Werkstatt sitzen und zusehen durften, wie er die Tierkörper präparierte, oder besser gesagt das Federkleid, das zuvor getrocknet worden war. Im kleinen Kanonenofen knisterte dann ein Feuer und verbreitete angenehme Wärme.

Nun erhielt das gefiederte Wesen einen neuen Körper aus zarter Holzwolle, umwickelt mit Bindfaden, die lahmen Flügel bekamen Halt und Stütze durch zurecht gebogenen Draht, ebenso der Kopf, dem zuletzt noch artgerechte Glasaugen eingesetzt wurden. Mit den bunten Glasaugen in der Zigarrenkiste spielten wir besonders gern, das hatte nicht jeder. Wie lebendig guckten die Vögel damit in die Welt. Öfters hingen auch mit Stecknadeln und Stützen gespickte gefiederte Wesen zwischen den Bildern an der Wand im Wohnzimmer, um vollends auszutrocknen.

Vater besaß ein illustriertes Tierbuch, woraus er uns immer wieder Geschichten erzählte, von weit kreisenden Adlern und diebischen Elstern, von Löwen und Leoparden und possierlichen Affen, und auch von gefährlichen Schlangen. Vor Letzteren habe ich bis heute einen enormen Respekt.

Alle Kinderaugen strahlten, wenn Vater sagte: „Komm, darfst die Vögel sehen ...“ Gerade deshalb kamen die Kinder oft mit ihren Vätern zum Hut- oder Mützenkauf. Die beiden Schaufenster zur Hauptstraße hin zierten neben den ausgestellten Hüten und Mützen immer ein paar Exemplare der ausgebälgten Tiere, und so manch kleiner Experte drückte sich die Nasenspitze an den Scheiben platt.

Ich dagegen konnte das kreuchzende und fleuchzende Getier da unten nicht so recht leiden, hieß es doch von Zeit zu Zeit: „In der Werkstatt sollte man mal wieder die Vögel abstauben!“ Das war eine recht langweilige und unangenehme Arbeit, vor der ich mich gerne gedrückt hätte. So verblieb auch nach Vaters Tod kaum ein Stück der präparierten Tiere in unserem Besitz, das letzte ausgebälgte „Lebewesen“ verließ die Werkstatt, als wir das Elternhaus räumten. Nur Fotos zeugen noch davon. Sie sind heute sehr wertvolle Erinnerungen.

Bei unseren Sonntagsspaziergängen im Wald sammelten wir Moos und kleine Äste, die Vater dann so zurechtsägte, dass der präparierte Vogel sich mit seinen Krallen daran festhalten konnte. Uns Kindern erklärte Vater bei diesen obligatorischen Sonntagsspaziergängen Wald und Wiesen, brachte uns die heimische Vogel- und Tierwelt nahe, am Froschteich lauschten wir auf das Quaken der Frösche, und vom Schilf um den See schnitzte er uns kleine Pfeiflein; in allem kannte er sich prächtig aus. Kaum etwas von dem damals so leicht erlernten Wissen ist zu meinem Leidwesen haften geblieben. Lebendig ist noch die Erinnerung, dass Mutter bei solchen Gelegenheiten immer ihren Arm in einen Klemmerhaufen hielt; das sollte helfen, ihre Rheumaschmerzen zu vertreiben. Die großen Ameisen wuselten nur so den Arm hinauf und verirrten sich auch in andere Regionen, was wohl nicht so angenehm war. Bei uns Kindern suchte man am Abend eher nach Zecken und wurde auch öfters fündig. Das aber war damals nicht so besorgniserregend wie heute. Von einer so erschreckenden Zeckengefahr ist mir nichts bekannt.

Zu Vaters zahlreichen Nebenerwerben gehörte auch der „Ankauf von Fellen aller Art", wie es auf dem Firmenschild neben dem Verkauf von Hüten und Mützen zu lesen war. Die Felle, zumeist Hasenfelle, wurden auf der Bühne aufgespannt zum Trocknen, wonach sie in Bündeln verpackt vom Fellhändler abgeholt wurden. Ab und zu kam so ein gegerbtes Hasen-, Rehkitz- oder Katzenfell wieder zurück, um als wärmendes Fell oder Bettvorleger gute Dienste zu leisten. Im

Sommer waren die Felle dünn und nicht viel wert, was den Kindern, die das nasse Fell brachten und nur ein oder zwei Zehnpfennigstücke dafür kriegten, manchmal bittere Enttäuschung bescherte. Im Winter dagegen sprang oft ein recht ansehnlicher Betrag dabei heraus, bis zu einer Mark, was damals für ein Kind viel Geld war.

Für mich allerdings war Taschengeld ein Fremdwort, die paar Groschen, die ich für meine Bosselarbeiten bei den Tanten kriegte, wanderten schleunigst in die Sparbüchse, höchstens wenn Markttag war, durfte man sich dafür etwas kaufen.

Ich hasste die stinkenden Felle, die Berge von feuchten, klitschigen Tierhäuten wurden mir zum Graus, besonders wenn sie am Sonntag oder am Weihnachtsmorgen dort

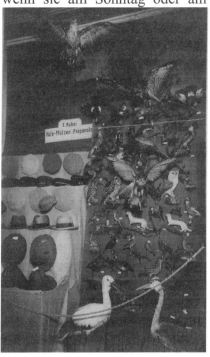

oben auf der kalten Bühne zum Aufhängen warteten. Auch wollten die Felle oft einfach nicht trocknen und Vater brachte dann die auf Spannern aufgezogenen aber noch feuchten Häute ins Wohnzimmer und stellte sie um den Kanonenofen, wo sie mit ihrem penetranten Geruch nicht gerade zur friedlichen Feierabendstimmung beitrugen. Nicht selten verließen wir dann mit unserer Stricket die ungemütliche Stube und flüchteten in die Nachbarschaft zum Vorsitz, was wiederum eine sehr willkommene Abwechslung in der Gemeinschaft war; vom Fernsehen hatte noch niemand eine Ahnung und das Radio hatte nur in einigen wenigen Stuben Einzug gehalten. Vater selbst verstand unser Verhalten nicht, er roch ja nichts mehr, seit ihm sein Bruder Karl in den Kinderjahren eine Bohne in die Nase gesteckt hatte, die nur unter Einbuße des Geruchssinns wieder entfernt werden konnte.

Vor Mäusen, die naturgemäß von den Tierhäuten angezogen wurden, hatte ich keine Angst, die nahm man eben als gegeben hin. Vater pflegte sie mittels einem aufgestellten Ziegel und einer mit Speck bespickten Spachtel zu fangen. Wupp – schnappte der Ziegel und schlug das Mäuslein tot, wenn es am Speck knabberte. Und was sollten einem diese possierlichen kleinen Mäuslein auch antun? Ärgerlich nur, wenn sie im Küchenschrank ihr Unwesen trieben. Aber auch da schnappte in der Nacht so manche Falle zu.

Vater erzählte uns, wie ihm als Soldat im ersten Weltkrieg beim Kaffeeholen ein Mäuslein in die Kanne hupste. Kurzentschlossen packte er den voreiligen Eindringling am Schwänzchen, zog die Maus heraus und warf sie fort. Den Kameraden sagte er nichts davon. Der Morgenkaffee habe geschmeckt wie immer. Vom weiteren Kaffeeholen befreite ihn eine Verwundung, die auch den erneuten Einsatz an der Front unmöglich machte.

Die Mäuslein – die nahm man eben hin und fing sie, wenn sie es zu bunt trieben. Dagegen die Ratten, die waren schon eher gefürchtet. Aber auch denen pflegte Vater mittels einer Rattenfalle den Garaus zu machen. Er stellte sie an bestimmten Plätzen auf und man musste aufpassen, dass man nicht selbst den Fuß oder die Finger reinbrachte, zum Beispiel beim Feuerholz- oder Reisigholen, oder es konnte in irgendeiner Ritze so ein graues Vieh hocken, das vielleicht gerade noch der Falle entkommen war.

Wunderbare Zeiten für die ungeliebten Nager herrschten in der unmittelbaren Nachkriegszeit, nach dem Umsturz im April 1945, als in vielen Gebäuden Granaten eingeschlagen und Löcher in Mauern und Hauswände gerissen hatten. Überall befanden sie sich auf Nahrungssuche und fraßen alles, was ihnen unter die Zähne kam. Besonders am rauen Verputz in unserer Hauswand hatten sie leichtes Spiel. Einmal fand ich beim Bettenmachen so ein graues Ungeheuer unter der Bettdecke, und eines huschte mir zu meinem Entsetzen des Nachts übers Gesicht. Mutter schrie auf, als sie ihren Hausschuh anziehen wollte und in eine halbtote Ratte tappte, und ich griff beim Treppenkehren in ein weiches graues Fellbündel, das sich noch wehrte. In der Not rückte man den Plagegeistern mit Rattengift zuleibe, aber die Biester schienen sich nicht sehr viel daraus zu machen. Sie produzierten eifrig neuen gefräßigen Nachwuchs.

Aus Angst vor Plünderern hatte auch unser Vater in den letzten Kriegstagen Schmuck und Wertgegenstände versteckt. Seine goldene Taschenuhr vergrub er mit anderen Wertsachen unter den Bodenbrettern auf der Bühne. Als er später danach schaute, fand er nichts mehr; man nahm an, die Ratten hätten die Sachen verschleppt. Der damals mit vergrabene Ehering meines Vaters kam viele Jahre später beim Umbau des Elternhauses ans Tageslicht.

Durch die vielen Misthaufen war in den heißen Sommern die Mücken- und Schnakenplage oft recht schlimm. In Küche und Stuben hingen dann klebrig gelbe Fliegenfänger, die nach Honig rochen und die Mücken anlockten; oft surrte dort so ein armes Wesen seinen verzweifelten Todeskampf, der Fliegenfänger war schwarz von Mücken. Auf Schnakenjagd gingen wir am Abend vor dem Zubettgehen mit dem Kehrwisch, den wir auf die Wand klatschten und so mehrere der Biester auf einen Streich fingen; die Tapete erhielt davon ein ganz besonderes Muster.

Dass man sich ab und zu auch Kopfläuse einfing, war nichts Besonderes, an den kratzenden und zerrenden Läusekamm erinnere ich mich recht gut. Später dann im Landdienstlager brachte eine Lagerkameradin die bissigen Gesellen mit heim, die sich rasch auf den Köpfen der Mädels ausbreiteten. „Ach, wer wird auch vor so kleinen Tierlein Angst haben!", meinte eine beherzte Leidensgenossin trocken. Sie lachte uns alle aus mit unserer Hektik und Aufgeregtheit wegen ein paar Läusen. Die Läuse bescherten uns dann einen arbeitsfreien Tag und eine Kuprexpackung mit Turban auf den Kopf, was im Alter von vierzehn Jahren eher ein Anlass zu Blödeleien und zum Ausgelassensein war. Auch mit Kleiderläusen habe ich Bekanntschaft gemacht; die hockten in der Kleidung durchziehender Landser, die sich nach Kriegsende übers Feld heimwärts durchschlugen. Was zählten da schon einige lästige Viecher, wenn es ums Überleben ging!

Als wir im Landdienst 1944, am Ende des fünften Kriegsjahres, unseren Dienst am Volke antraten, wurden wir zuerst auf unsere Tauglichkeit untersucht. Man befand uns durchweg fähig für Kriegshilfsdienste, obwohl die meisten der Mädel knapp oder noch keine vierzehn Jahre zählten. Aus heutiger Sicht war es ein verzweifeltes letztes Aufgebot, wie auch der aus alten Männern und Kindern bestehende Volkssturm. Aber ein Ausscheren aus dem System gab es nicht, wir hatten zu gehorchen.

„Aber was ist denn das?" Die untersuchende Ärztin betrachtete interessiert drei rote Hibbel am Arm eines der Landdienstmädel. „Das sind Flohstiche", konstatierte sie dann und verordnete zum Läusepulver noch ein Anti-Flohmittel. Wir wurden alle nochmal gründlich abgesucht. Der Tauglichkeit zum Dienst am Volke taten Läuse und Flöhe aber keinen Abbruch. Auch wurden wir trotz unermüdlicher Flohjagd nie des hüpfenden Zeitgenossen habhaft.

Ach ja, es gab auch Wichtigeres in diesen Kriegstagen. Fast in jeder Nacht schrillte die Alarmsirene und rief die Leute in den Keller. Bei der Feldarbeit rannten wir täglich um unser Leben, wenn Tiefflieger herniederstürzten und ihre tödlichen Salven austeilten. Auch im Hinterland war keine Ruhe mehr. Selbst das harmlose Härtsfeldbähnele war öfters Zielobjekt und wurde mehrmals getroffen. Auf dem Weg zum Schweinestall hörte ich das unheilvolle Zischen von oben. Ich ließ meine Saukübel schnappen und warf mich klopfenden Herzens gegen die Stallwand. Ein kurzes sausendes Geräusch und das bekannte Stakkato der Tiefflieger – und schon war alles vorüber, nur noch unheimliche Stille. An jenem unvergesslichen Tag kam in der benachbarten Sägemühle eine junge Frau mit ihrem Kind auf dem Arm ums Leben. Der Pilot dort oben hatte zielgerecht geschossen, keine Zeit für die junge Mutter, sich in Sicherheit zu bringen.

An einem jener Frühlingstage war ich mit dem Rad auf der Landstraße unterwegs zum Nachbarort. Dort sollte ein Lager mit bisher zurückgehaltenen Stoffen aufgelöst werden. Die Not der Stunde verdrängte alle Angst und ich fuhr munter drauflos. Halbwegs im topfebenen Gelände hörte ich wieder das gefährliche Brummen über mir, spürte förmlich, wie der da oben mich anpeilte. Da war kein Unterschlupf weit und breit, nur ein schmales Bächlein suchte seinen Weg durch eine Unterführung an der Straße. Ich ließ mein Fahrrad fallen, rannte an die winzige Böschung und warf mich zu Boden, starrte verzweifelt in das viel zu kleine Rohr, um hineinzukriechen und darin Schutz zu finden. Doch dann wurde das Brummen plötzlich schwächer, der Flieger drehte ab. Er musste mich gesehen haben, aber er hatte nicht geschossen. Mein Schutzengel hatte über mir gewacht, wie so oft im späteren Leben.

Die Lehrjahre begannen für uns Kriegskinder schon recht früh. Auch die kleinen Hände wurden gebraucht. Spielen, Ferien, Vakanz – das hieß Dienst am Vaterland. Vielleicht hatten die Kinder in der Stadt immer noch Ferien, oder das, man darunter versteht, wir Landkinder hatten im Alter von zehn Jahren keine mehr. Da hieß es Kleinkinder hüten, helfen bei der Getreide-, Obst- und Kartoffelernte, bei der täglichen Hausarbeit. Schularbeiten mussten oft warten bis zum Abend. Unsere Kinder- und Jugendzeit lag in

den Kriegs- und Notzeiten, erst 1948 nach der Währungsreform ordneten sich die Verhältnisse einigermaßen. Jedoch gingen Träume und Berufswünsche in der Notwendigkeit des Wiederaufbaues unter.

Damals, noch im letzten Aufgebot beim Landdienstein-
satz, machten die knapp vierzehnjährigen Jungen und
Mädchen Erfahrungen in der Arbeitswelt der Erwachsenen, besonders in der Landwirtschaft, keiner fragte danach, wo denn ihre Neigungen liegen. Und so mancher
entdeckte aus purer Notwendigkeit und im Kampf ums
tägliche Brot seine Liebe zum Bauernstand, der doch ein
paar Jahre später, beim Einzug der Technik, seine Bedeu-
tung und Grundfestigkeit weitgehend verloren hatte.

Im großen Bauernhof mit angeschlossener Mühle lernte
ich mit vierzehn Jahren neben vieler harter Haus- und
Feldarbeit auch das Kühe melken. Rund zwanzig Kühe
mussten jeden Morgen und Abend gemolken werden. Es
dauerte eine Weile, bis ich das Melken beherrschte und
nicht mehr von der Kuh in den Mist geworfen wurde.

Zu meinen Obliegenheiten gehörte auch der Schweinestall
und das Füttern der Schweine, mit einer stets brüllenden
und quiekenden Schweineschar. Wenn ich mich mit den
Saukübeln dem Schweinestall näherte, steigerte sich das
Gebrüll zum verzweifelten Orkan, gab es doch nie genug
Futter, um alle Viecher satt zu kriegen. Ebenso gehörte zu
meinen Zöglingen eine gackernde Schar Hühner, die
hungrig den Hals reckten, wenn sie meiner ansichtig wurden. Das Futter war immer knapp, und so verschwand
nacheinander immer wieder eines meiner ohnehin nicht
fetten Schweine oder der mageren Hühner im Kochtopf
zum Erhalt der Menschen. Obwohl Tod und Sterben in
diesen Jahren allgegenwärtig waren, bereitete mir dieses
rücksichtslose Töten großes Unbehagen.

Eine meiner Muttersauen war trächtig. Am Pfingstsamstag
gebar sie einen Wurf rosiger Winzlinge, die alsbald sich
auf den zitzenbesetzten Bauch der Mutter stürzten und

sich um die Nahrungsquelle balgten. Ergeben und erschöpft lag das Tier da, unfähig, sich zu erheben und den gefüllten Futtertrog zu leeren. Zu wenig hatte die Muttersau in der Zeit ihrer guten Hoffnung an Futter bekommen. Ich hockte dabei, suchte die Wöchnerin zu bewegen, an den Trog zu kommen. Aber das rosige Gewimmel ließ ihr keine Chance.

Gleich am andern Morgen schaute ich nach meiner Ferkelfamilie und wollte ihr die mühsam aufgetriebenen Leckerbissen bringen. Aber was war denn das? Kein Brüllen, kein Quieken erwartete mich. Da lag die Muttersau allein, satt und zufrieden in erschöpftem Schlummer. Tiefer Friede lag über dem Stall, durch dessen blindes Fenster ein staubiger Sonnenstrahl hereinblinzelte. Wo aber waren ihre Kinderlein, wo waren meine Pfleglinge?

Ich starrte auf die Sau, auf diesen unheimlichen Frieden im hölzernen Verschlag, und konnte es nicht fassen, konnte nicht begreifen, dass die Mutter ihre eigenen Kinder aufgefressen hatte! Und sich trotz allem die Welt weiterdrehte.

Dann gab es da noch einen Arbeitsochsen, den man vor das Milchkütschle spannen konnte, um die schweren Milchkannen am Morgen hoch zur Straße zu bringen, wo sie vom Sammelauto abgeholt wurden. Der störrische Ochse gehorchte aber nicht jedem. Meine Furcht vor ihm schien er zu spüren. Ich stand jedesmal Todesängste aus, wenn er so dicht am Straßengraben entlang ging, dass die Räder fast die Böschung berührten. Vielleicht tat ich dem guten alten Ochsen unrecht, umgeschmissen hat er das Kütschle mit mir nie.

Auch der kleine Hund Flocki gehörte zum Hauswesen, wohl eine Straßenmischung, und ebenfalls etliche Katzen, die zu unserem Leidwesen den geräumigen Hausflur gerne als ihre Katzentoilette benutzten, immer wieder tappte einer schimpfend und fluchend den Katzendreck aus. Der Flocki aber liebte mich sehr und begrüßte mich am

Morgen stets mit freudigem Bellen. Wenn es kalt war, pflegte er im Backofen des großen Küchenherdes zu nächtigen, wo es immer angenehm warm war. Einmal merkte ich das nicht gleich am Morgen, klappte die Backofentüre zu und machte Feuer im Herd. Plötzlich kratzte und jaulte es wie wild da drinnen im Backofen. Erschrocken öffnete ich die Türe und befreite den Flocki aus seinem heißen Gefängnis. Der Hund hielt fürderhin respektvoll Abstand und mied sein allzu warmes Nachtlager.

Flocki erinnerte mich sehr an den Hund Molli meiner Großmutter, der gern mit uns Enkelkindern tollte. Großmutter und Molli waren unzertrennlich und immer dabei, wenn wir ihr in Haus und Garten halfen.

Mönnigheim 1943

Das mittelgroße Leiterwägelchen, das immer gerade auf uns zu warten schien, hatte bereits mehreren Kindergenerationen das Ziehen an der Deichsel gelehrt. Es gehörte einfach in diesen ländlichen Haushalt und in die Scheune und wartete tagtäglich auf unsere Dienste. Zu transportieren gab es mit dem großen Wägele immer etwas, sei es Gemüse und Kartoffeln aus dem hundert Meter entfernten Krautgarten und dem am Ortsrand befindlichen kleinen Acker, oder auch Spritzbrühe und dergleichen in den Wengert. Selbst kleinere Traubenernten wurden damit heimgeholt. Und auch das, was wieder dem ewigen Kreislauf zugeführt werden musste, fand im Brühfass auf dem großen Wägelchen seinen Weg in den Krautgarten.

Aus dieser Zeit stammt folgende Episode, der Onkel Hans brachte bei Familienfesten immer wieder in Erinnerung, wie er seine „Schwiegersohn-Prüfung" bestanden habe.

Und da war der Schwiegersohn in spe,
der kam ins Schube-Haus recht schick und schee –
weil – so war's zu dieser Zeit noch Sitte –
man den Vater um die Hand der Tochter bittet!
Im Haus dort war man grad dabei,
das Brühloch zu leeren, den Abort,
das, was heutzutag' geht einfach fort;
das Brühfass ist schon auf dem Wagen,
und das tut jetzt der Vater laden;
hemdsärmelig, mit Hosenträgern,
er schwitzt, tut auch als d' Luft anheben,
er langt ganz runter mit der Schapfe,
füllt Brüh' ins Fass und dicke Krapfe ...
Guck jetzt, das Brühfass schwappt schon über,
der Schwiegersohn kriegt auch 'en Stüwer ...
„Ha - Kerle, du kommst jetzt grad wie g'wiese,
kannst glei' des Brühfass helfe in den Garten schiebe'!"

An jenem Frühlingstag zogen wir die Großmutter, die schon nicht mehr so gut zu Fuß war, auf dem Leiterwägelchen in ihren Wengert im Unternberg; wir sollten die restlichen Reben zusammenlesen. Die Rebenbüschel wollten wir dann gleich mit heim nehmen. Der Molli rannte fröhlich bellend neben uns her. Autos und Maschinen gab es damals noch recht wenige, die Landstraßen waren meist leer; Hunde an der Leine zu führen, war nicht üblich.
Aber gerade, als wir in unseren Wengertweg einbiegen wollten, passierte es. Der Molli sprang in ein Auto, ein recht seltenes Vehikel dieser Zeit. Es gab einen klatschenden Laut – und der Hund lag stumm und starr auf der Straße.

Wir waren entsetzt. Der Fahrer stieg aus dem Auto, es tat ihm leid, er hatte den Hund einfach nicht gesehen. Der lag nun da, streckte alle Viere von sich, aus seiner Schnauze lief ein kleines Rinnsal Blut.

„Da ist nichts mehr zu machen", meinte der Mann bedauernd.

Kummervoll umstanden wir unseren Molli. Großmutter zog ihr Sacktuch hervor und schneuzte sich. „Gut' Nacht, mein Molli ..." Wir heulten. Schließlich fassten wir uns, hoben den Molli auf und trugen ihn unter den alten Apfelbaum am Wegrand, wo wir unseren stummen Gefährten sacht ins Gras betteten. Traurig nahmen wir Abschied. „Auf dem Heimweg nehmen wir dich wieder mit ..." Die Großmutter schneuzte sich nochmal und schenkte ihrem Liebling einen letzten Blick. Dann wandte sie sich resolut ihrem Tagwerk zu.

Wengert war Wengert, und die Arbeit dort wartete nicht. Niedergeschlagen banden wir unsere Rebenbüschele zusammen, packten sie auf den Wagen und schoben heimwärts. Der ausgefahrene Feldweg war noch rutschig vom langen Regen und so war der Heimweg recht mühsam. Wir Kinder waren die Zugpferde, Großmutter schob hinten am Wagen.

Am alten Apfelbaum vorne am Weg hielten wir an und begaben uns klopfenden Herzens zu unserem vermeintlich toten Molli. Doch da war kein Hund mehr, nur noch eine feuchte zerdrückte Stelle im jungen Gras.

Ein arger Schreck packte uns, zum ganzen Jammer noch dazu. Jemand hatte unseren Molli geklaut ...

„Molli, mein Molli, wer hat dich aber bloß fortgenommen?"

Schwer beladen mit Kummer und Gram zogen wir vollends heimwärts, ohne unseren armen Hund. Doch schon von weitem hörten wir ein vertrautes Bellen. Da rannte doch unser Molli daher - mopsfidel! Keine Spur von Verletzung! Laut bellend hüpfte er an Großmutters langem

Rock hoch. Sie nahm ihn in den Arm, herzte und streichelte ihn, die Freude kannte keine Grenzen ob des Wunders, das sich da vollzogen hatte.

Den so unheimlichen vierrädrigen Vehikeln ist der Molli fortan jedoch respektvoll ausgewichen!

Trennen musste sich die Großmutter aber ein paar Jahre später doch von ihrem treuen Gefährten, als eine böse Krankheit seinem betagten Hundeleben ein Ende setzte.

In Großmutters Haus gab es mancherlei Kleinvieh. Da war der Hühnergarten mit dem stolzen Hahn, der seine Hausbewohner mit dem ersten Hahnenschrei am Morgen weckte, und eine Schar Hühner, die fleißig Eier legten.

Manchmal durfte ich mit Großmuter hinüber zur Nachbarsbase, um die Eier zu holen, die "des Lombemensch" nicht im heimischen Hühnerstall, sondern „mal wieder ausgelegt" hatte. Da erinnere ich mich an den zahnlosen Hovensdöte, der in seinem Ohrensessel in der Base Stube saß und seine lange Pfeife rauchte. Auf dem Kopf trug er stets ein kleines schwarzes Käppi. Für meine Begriffe war er steinalt, er muss aber damals erst knapp in seinen 70igern gewesen sein.

Neben dem zur Aufzucht und späterem Schlachten gehaltenen Schwein gab es im Stall auch eine Geiß. Die durften wir dann auch manchmal am Strick auf die Wiese führen. Das passte ihr manchmal gar nicht, sie wollte lieber frei herumhüpfen und meckerte ärgerlich, wenn es nicht nach ihrem Sinn ging, sie wurde bockig und wir mussten sie ziehen. Trotzdem gehörte sie einfach dazu und zu der großen Baumwiese, die wir im Sommer fast täglich aufsuchten und die immer wieder Neues zum Spielen hergab. Die Geiß fraß ja auch das Gras und ersetzte so das mühsame Mähen mit der Sense.

Während wir einer Metzelsuppe niemals abgeneigt waren, besonders, wenn wir sie austragen durften und dafür einen kleinen Botenlohn kriegten, war die ein wenig anrüchige Geißenmilch eher ein notwendiges Übel. Zwar machte mir die Geißenmilch nichts aus, ich trank brav meinen Becher leer, aber meine Schwester Ilse und Bäsle Elisabeth streckten schon von weitem den Hals, wenn sie die Geißenmilch auch nur rochen. In den Notzeiten allerdings war die Geißenmilch ein unverzichtbares Lebensmittel, da ergatterte man vielleicht auch mal einen Liter ohne die obligatorischen Milchmarken, die nie für den Bedarf an Milch ausreichten.

Die Geiß musste manchmal auch zum Bock gebracht werden. Das durfte dann der damals elfjährige Hans machen; den Mädchen war solches Tun nicht erlaubt. Aber weil die zehnjährige Marta gerade hier war, wollte sie eben auch mit. Also nahm der Hans die Geiß am Strickle, die Marta trottete brav nebenher, und selbdritt zogen sie in den Farrenstall, wo der Zuchtbock bereits wartete. Als die Sache dann verrichtet war, wanderten sie fröhlich und harmlos wieder heimwärts. Da aber stand der Großvater mit drohender Miene unterm Scheunentor und herrschte die verdutzte Marta an: „Ja, hab i jetzt dich g'heiße oder den Bua, was mr mit der Geiß im Stall soll dua? Bist wohl ganz und gar verdorben ...!" Die Marta wusste nicht, wie ihr geschah, und jetzt kriegte sie vom Großvater auch noch eine saftige Ohrfeige verpasst. Sie war sich nichts Schlimmem bewusst und nahm sich vor, bei nächster Gelegenheit erst recht mitzugehen und die geheimnisvolle Sache da im Stall zu ergründen.

Die Geschichte machte später bei so manchem Familientreffen die Runde. Mit der Aufklärung war das so eine Sache früher. Alles musste man selbst herausfinden, und wurde dazu noch verdonnert!

... Von Sex und Aufklärung nicht sehr erquickt,

... im Stadtbad heimlich durch die Astlöcher g'spickt,

... und einiges noch dazu erraten,

... den Rest gelernt anhand von Taten ...

... und was bis heute blieb dahinter,

... erklärten uns dann unsere Kinder ...

Viel später gab es in der Gasse die Geiß Emma. Alle Kinder blieben stehen, wenn die Emma ihren Willkommensgruß meckerte. Sie wohnte gleich neben den Hühnern, die im Hof neben dem Hausgärtchen ihren Auslauf hatten, und hüpfte munter dazwischen herum. Irgendwann war dann der Stall verwaist, die Emma einfach nicht mehr da. In der ganzen Gasse herrschte Trauer. Sogar die Hühner liefen verstört umher. Lange fragten die Kinder noch nach der Emma, aber sie blieb verschwunden.

Erinnerungen an die Maul- und Klauenseuche.

Es muss Anfang der 1940er Jahre gewesen sein, also bereits im Krieg. Ich erinnere mich an einen nasskalten, neblig trüben Wintertag, an dem der Ausscheller durch die Straßen ging und ausrief: „Die Maul- und Klauenseuche ist ausgebrochen! Alle Versammlungen und Zusammenkünfte sind untersagt!" Seine Stimme klang bedrohlich, es fuhr einem schreckhaft in die Knochen. Bald darauf ertönte dann die Schelle noch einmal: „Auf der Freibank gibt es schönes Kuhfleisch auf halbe Marken, das Pfund zu (ca.) 50 Pfennig." Je nachdem auch Fleisch von einem anderen Tier, das wohl hatte notgeschlachtet werden müssen. Und niemand konnte sich in jenen Jahren leisten, das Fleisch wegzuwerfen. Das wurde einfach abgekocht und dann verwendet.

Für mich hieß es in so einem Fall: „Spring schnell zur Freibank ..." Im Gässle am Diebstürmle war ein Tisch quer aufgestellt worden, dahinter standen ein paar Leute mit Metzgerschürzen und großen Messern und wogen das Fleisch ab. Knochen kriegte man natürlich auch dazu. Es reichte nie für alle wartenden Leute. Und ich kleines Mädle stand eingeklemmt zwischen Röcken und Mänteln und versuchte mich durchzuzwängen. Öfters bin ich auch ohne das begehrte Fleisch heimgekommen.

Die Milch musste vor dem Verbrauch unbedingt abgekocht werden.

Angstvoll wartete man jeden Tag auf neue Nachrichten, wo die Seuche überall ausgebrochen war und welche Maßnahmen getroffen wurden. Die Kinder der betroffenen Bauern durften nicht zur Schule. Wir anderen hockten mit ernsten Gesichtern in den Bänken und horchten auf Verhaltungsmaßregeln. Gelbe Bänder schrankten Ställe und Hoftore ab. Vor den Läden und öffentlichen Gebäuden lagen mit Desinfektionsmitteln getränkte Sägemehlteppiche. Am besten erinnere ich mich an den Sägemehlschuhabstreifer vor der Apotheke, wenn der Apotheker Kehrwald rief: „Hast deine Schuhe auch gut abgeputzt?"
Es gab in jenen Jahren auch noch andere schlimme Seuchen, wie Diphtherie und Scharlach, was damals eine böse Sache war, oder dann die Kinderlähmung, die viele Opfer forderte, bis man diesen Krankheiten durch Vorsorgeimpfung Einhalt gebieten konnte.
Eines Tages verschwanden Angst und Seuche wieder. Der gnadenlose Krieg aber ging weiter.

E. SCHUBE
1980

77

Ganz unbedarft ging ich in dieses Lehrjahr nicht. Herausgerissen aus Schule und normalem Werdegang infolge des totalen Zusammenbruchs des Dritten Reiches, waren die erstrebten Ziele völlig aus dem Ruder geraten. Mit vierzehn Jahren keine Schule mehr, keine Perspektiven. Die meisten Schulen waren zerstört oder es fehlten die Lehrer, und der Wiederaufbau dauerte seine Zeit. Vorzeitig kamen viele in die Lehre und nahmen, was sie eben kriegen konnten. Für die Mädchen galt immer noch das oberste Gebot: Küche, Kinder, Kirche. Nach entsprechenden Neigungen fragte kaum jemand, das konnte man sich zu dieser Zeit gar nicht leisten. Und sie heiratet ja doch – so die allgemeine Ansicht. Dass dies ein folgenschwerer Trugschluss war, musste sich erst herausstellen.

So war es nicht verwunderlich, dass man für mich das Ziel Hauswirtschaftslehrerin anstrebte. Aber da hier Wartezeiten von mehr als zwei Jahren bestanden, geriet ich zunächst in ein landwirtschaftliches Lehrjahr. Schule sollte wenn möglich folgen.

Gleich am ersten Morgen in meiner neuen Dienststelle, einem ausgedehnten landwirtschaftlichen Anwesen mit angeschlossener Gärtnerei, wurde ich in die Fütterung von Schweinen, Hühnern und Gänsen eingewiesen, die ab sofort zu meinen Zöglingen gehörten. Im Nachkriegsjahr 1946 war das Futter zwar noch nicht üppig, trotzdem brauchten meine Viecher nicht mehr brüllen vor Hunger wie im Landdienst vor gut einem Jahr.

Nachdem die Tiere versorgt waren, mussten die drei Milchkühe gemolken werden. „Heute brauchst du nur zwei davon melken, die dritte übernehme ich", sagte Maria, der gute Geist des Hauses. Sie nahm ein Garbenstrickle von der Stallwand und zurrte damit den Schwanz der Kuh an deren Hinterbein fest. „Damit du ihn nicht ins Gesicht kriegst!" Hinter den Kühen tauchte der alte Herr auf und guckte mir schweigend zu. Er traute meinen Melkkünsten wohl nicht so recht. Maria prüfte, ob die Kuh auch richtig ausgemolken war, band dann der Kuh den Schwanz wieder los, und wir gingen mit unseren vollen Eimern ins Haus, um die Milch zu versorgen. Ein großer Teil davon musste abgeliefert werden, wovon man wiederum einen Teil als entrahmte Frischmilch für den Eigenbedarf zurück erhielt.

„Morgen darfst du das alleine machen", meinte Maria. Danach kümmerte sie sich um das Frühstück. Das bestand aus gesalzenem Grießbrei, wovon Maria jeden Morgen einen großen Topf voll kochte. Wenn möglich, halfen wir dem Geschmack mit etwas Obst nach.

Zu den täglichen Stallpflichten gesellte sich am Morgen das Saubermachen der Wohnung und des Treppenhauses. Aus meiner Mutter Erzählungen aus ihrer „Dienstzeit" kannte ich die Gepflogenheiten der damaligen Herrschaften. Da fuhr die gnädige Frau mit dem Finger über die schwarz polierten Möbel und schrieb „Sau" drauf, wenn sie Buffet und Kommode nicht für sauber genug befand. So weit ging der Putzfimmel heute nicht mehr, jedoch wurde auch hier sehr auf Pünktlichkeit geachtet. Aber mehr als eine knappe Stunde durfte ich für das morgendliche Reinemachen nicht verwenden, Zeit war kostbar, und „Morgenstund' hat Gold im Mund", am Morgen schaffte es sich doppelt so leicht wie am Nachmittag.

Danach ging es in die Gärtnerei, wozu man ungefähr zehn Minuten zu Fuß brauchte. Sie lag an der Straße, auf der ich vor einem knappen Jahr heimwärts gewandert war, damals im Sommer 1945, als die große Völkerwanderung nach dem Krieg begann und alles nach Hause wollte, was der furchtbare Krieg vertrieben hatte, auch wenn diese Heimat oft nur noch aus einem Trümmerhaufen bestand.

Jetzt war ich wieder in der Fremde. Das Heimweh drückte schwer und musste mal wieder überwunden werden. Arbeit und wieder Arbeit war wohl hier die richtige Medizin, und die gab es reichlich. Die Tätigkeit in der Gärtnerei machte mir im Laufe der Zeit viel Spass. Die zarten Pflänzchen wachsen und gedeihen sehen und zu pflegen, damit sie Frucht und Reife kriegten. Der würzige Geruch nach Aufbruch und Wachstum erfüllte einen mit neuem Mut, der so bitter nötig war in diesen Nachkriegsjahren. Noch herrschte große Not im ganzen Land, hauptsächlich in den Städten, die noch weitgehend in Trümmern lagen. Unzählige Flüchtlinge und Vertriebene aus dem Osten suchten Zuflucht und eine neue Heimat. Viele ehemalige Soldaten befanden sich noch in Gefangenschaft oder blieben vermisst. Lebensmittel und Bedarfsmittel reichten bei weitem nicht aus, eine gerechte Verteilung war auch mit der Markenwirtschaft kaum möglich. Dazu gab es bitterkalte Winter und heiße trockene Sommer, so dass auch das Viehfutter knapp wurde. Schädlinge wie der Kartoffelkäfer drohten außerdem großen Schaden anzurichten. Wirksame Bekämpfungsmethoden und Spritzmittel gab es noch kaum. So suchten Suchkolonnen die Kartoffelfelder ab nach den gelb und schwarz gestreiften Käfern, bevor diese ihre gefräßigen Larven ablegen konnten. Ganze Felder wurden von ihnen kahlgefressen, wenn man nicht rechtzeitig die Käfer unschädlich machen konnte. Bereits in der Schulzeit waren wir eingeteilt worden zum Kartoffelkäfersuchdienst, was damals aber auch Spass gemacht hatte, wenn man gemeinsam die Felder abschritt, wie auch das Heilkräutersammeln eine willkommene Abwechslung der immerwährenden Pflichten zuhause bedeutet hatte. In diesem Jahr blieb es bei wenigen Funden von Kartoffelkäfern und die Kartoffelernte war gerettet. In den Folgejahren gab es jedoch Heerscharen dieser gefährlichen Käfer. Rechtzeitiges Spritzen wurde zur absoluten Notwendigkeit. Auch mit anderen Schädlingen in Garten und Feld hatten wir reichlich zu kämpfen. Der Kohlweißling fraß sich in die kleinen Krautsetzlinge, Raupen und Drahtwürmer suchten sich ihren

Bedarf. Allerdings kann ich mich nicht an eine Schne-
ckeninvasion erinnern, mit denen wir heutzutage so sehr
zu kämpfen haben. Auch von den unheimlichen Raupen,
die im Frühjahr die Bäume kahlfressen, wussten wir damals nicht so viel. Dagegen gab es fast jedes Frühjahr im
Mai Heerscharen von Maikäfern, die das junge Grün von
den Bäumen fraßen. Als Kinder hatten wir sie geschüttelt
und eimerweise gesammelt und abgeliefert. Ganze Gruben
voll solcher braunen Krabbeltiere wurden dort mit Kalk
übergossen und vernichtet. Für die Hühner waren die
Maikäfer ein wahrer Leckerbissen, und manchmal entdeckte man dann in den Eiern noch ein Maikäferbein oder
einen Flügel. Aber so empfindlich wie heute war man
damals eben nicht.

Die motorisierte Käfergeneration, die Volkswagen,
brauchten noch einige Jahre, um die Straßen zu erobern.
Die Volkswagen, „die Käfer", wurden zum Reisewunder
nach dem Krieg, in dem man von Erlebnissen solch fried-
licher Art nicht einmal zu träumen gewagt hatte.

In diesem Nachkriegsjahr 1946 fanden viele Städter den
Weg aufs Land, um ihre letzten Wertsachen gegen Essba-
res einzutauschen. Bleiche magere Gestalten erschienen
auch bei uns in der Gärtnerei, brotlose Künstler gaben
Gastspiele im Ort und handelten gegen Theaterkarten
einen Krautkopf oder ein paar Pfund Kartoffeln ein. Niemals mehr als in diesen Notjahren war Landarbeit mehr
gefragt. Die Männer fehlten, Handarbeit und Kuhfuhrwerke beherrschten fast alle Arbeitsgänge auf den Feldern.
Erst nach der Währungsreform und mit aufkommender
Technisierung änderten sich die Verhältnisse, was jedoch
auch die Existenz der Kleinlandwirte in Frage stellte.

Flur und Wälder waren geputzt in diesen Jahren; es gab
Holzlesezettel und Bezugscheine für Brennholz, Buch-
eckern und Eicheln waren begehrte Waldfrüchte für Öl
und Viehfutter.

Für mich war die Arbeit im Wesentlichen die Fortsetzung

von dem, was ich ein Jahr zuvor im Landdienst gemacht hatte: Viecher versorgen, Garten- und Feldarbeit – und einfach Schaffen von Morgens bis Abends. Ferien, Freizeit – davon redete niemand. Oder gar in den Urlaub fahren – das war ein völlig fremder Begriff. Ich kann mich nicht erinnern, dass man an diese Dinge überhaupt einen Gedanken verschwendete.

Meine Viecher wuchsen mir ans Herz. Am Morgen wartete die Hühnerschar aufgeregt hinterm Schlag, bis ich mit dem Futter kam, der Hahn krähte freudig in den Tag. Gänse und Enten hatten ihre eigene Behausung und einen kleinen Teich zum Planschen. Eigentlich eine Idylle, hätte man dort oben in der Wiese länger verweilen oder gar ein wenig träumen können. Aber dazu blieb mir überhaupt keine Zeit. Wenn ich es gelegentlich doch tat, wurde ich streng auf meine Pflichten verwiesen.

Als ich an einem jener Tage am Mittag in den Hof einbog, erwartete mich der alte Herr mit drohend erhobenem Zeigefinger und winkte mir in den Stall. Er zeigte auf die Kuh, die da noch mit angebundenem Schwanz auf Erlösung wartete. Ob mir das vielleicht gefallen würde, stundenlang so auszuharren? Oh je – ich hatte mal wieder vergessen, das Rindvieh loszubinden nach dem Melken! Wo hatte ich bloß wieder meine Gedanken gehabt? Mit sehr schlechtem Gewissen erlöste ich das Tier von seiner Pein. Warum hatte der alte Herr das denn nicht längst getan? Ich verstand das nicht und konnte den alten Starrkopf deswegen nicht recht leiden.

Im Laufe des Frühjahrs gab es viel Arbeit in der Gärtnerei: Aussäen, Unkraut jäten, gießen und immer wieder die Erde auflockern. Später mussten die kleinen Pflänzchen in den Freilandglaskasten pikiert werden. Ein Brett wurde quer über den Kasten gesetzt, ein Kissen darauf gelegt, so dass man darauf knien konnte. Mit Hilfe eines Setzholzes wurden dann die zarten Pflänzchen in gleichmäßigem Abstand in den Setzkasten verpflanzt. Auch wenn diese

Arbeit Spass machte, war sie doch an warmen Frühlings-
tagen recht ermüdend. Auch taten einem bald die Beine
weh beim Knien auf dem schmalen Brett, ganz abgesehen
von den Füßen, die in den alten genagelten Landdienststie-
feln steckten. Nachts plagten mich ob dieser ausgelatsch-
ten Treter Wadenkrämpfe. Aber im Nachkriegsjahr 1946
gab es an entsprechendem Schuhwerk und Arbeitsklei-
dung überhaupt fast nichts zu kaufen, die allgemeine
Versorgung war katastrophal, Bezugscheine und Lebens-
mittelkarten sehr knapp bemessen und nie ausreichend,
Geld, wenn es denn da war, fast wertlos.

An diesem Tag war es einfach zu viel gewesen, ich nickte
beim Pikieren auf dem Brett ein und kippte kopfüber ins
Pflanzbeet. Es muss einen recht komischen Eindruck
gemacht haben und ich heimste erbarmungslosen Spott
ein. „Geh' nur gleich ins Bett, wenn du fertig bist mit
deiner Arbeit heut' Abend, damit du morgen besser ausgeschlafen bist", meinte meine Lehrfrau ärgerlich. Fertig war
ich nie vor zehn Uhr abends, und ausgeschlafen hatte ich
am Morgen auch nicht. Man hatte ja auch die „Sommer-
zeit", es blieb lange hell, so kam man eben auch spät von
der Feldarbeit nach Hause. Und daheim warteten immer
noch eine Menge abendlicher Pflichten: das Füttern der
Tiere, Melkarbeit und Milchabliefern, Holz und Reisig
und Kohlen herrichten für Herd und Ofen. Von einem
Zwölf-Stunden-Tag, wie neulich von den Zwangsarbeitern
im Krieg berichtet wurde, hätte ich eigentlich nur träumen
können, ganz zu schweigen von einem geregelten Arbeitstag und Freizeit überhaupt. Einfach nichts tun, „die
Seele baumeln lassen" (was für ein hochtrabender Ausdruck!) – das konnte ich in späteren Jahren lange nicht.
Die Unruhe, immer noch etwas zu tun zu haben, begleitete
mich auch nach Feierabend.

Wie unsere Köchin Maria es fertigbrachte, jeden Tag ein
schmackhaftes Essen auf den Tisch zu bekommen, ist mir
heute noch ein Rätsel. Von ihr konnte man manches ler-

nen. Sie zauberte trotz großem Mangel an vielen Lebensmitteln jeden Tag ein vorzügliches Essen auf den Tisch, dass alle in diesem rund zehnköpfigen Haushalt satt wurden. Unter ihren Händen gedieh einfach alles. Natürlich war Hunger in diesen Jahren der beste Koch. Es kam uns ja auch zugute, dass die Landwirtschaft das meiste an Lebensmitteln hergab. Leider ergab sich in diesem Jahr für mich recht selten Gelegenheit, bei der Zubereitung der Mahlzeiten zu helfen, wo doch das Erlernen der Kochkunst im Vordergrund stehen sollte. Dagegen bin ich mit allgemeinen Haushaltsarbeiten sowie mit tagelangem Wäschewaschen reichlich betraut worden, ebenso mit der Landwirtschaft und was dazugehört. Ob das allerdings mein Berufsziel war? Da geriet ich gründlich ins Schleudern.

Anstatt einer kleinen Ruhepause über Mittag sollte ich an einem recht warmen Sommertag auf der schattigen Terrasse Bohnen lesen, gipfeln und abfasern; die Züchtung der faserlosen Bohnen musste erst noch erfunden werden. Meine Lehrfrau bemühte sich, mich zu unterweisen und begab sich dann selbst zu ihrem Mittagsschläfchen. Als sie danach wieder nach mir schaute, war auch ihr Lehrling in tiefen Schlummer gefallen, die Schüssel mit den Bohnen lag auf dem Boden. Zu allem Unglück kam an diesem Tag auch noch eine Beauftragte vom Amt, die nach den Lehrlingen sehen sollte. Immerhin gab es in diese Richtung wieder einen vagen Ansatz. Die Dame muss keinen guten Eindruck von mir bekommen haben. Etwas Nahrhaftes aus dem Garten beruhigte sie aber schnell wieder. Mein Befinden war danach zweitrangig.

„Koi Wonder", meinte der alte Herr am Abend, „koi Wonder hat se heut' Morge wieder vergesse, der Kuh den Schwanz loszubinden ..."

Mehrmals in diesem Sommer waren Gärtnergehilfen bei der Heim- bzw. Durchreise aus dem Krieg bei uns hängen geblieben, der Not gehorchend, weil die angestammte

Heimat nicht mehr erreichbar war.

„Mach' dapfer und überzieh's Bett, der neue Gärtner ist schon unterwegs!" Ich schnappte die Bettwäsche und ging an die Arbeit. Es langte gerade noch zum schlampigen Überziehen der Federbetten, zum Zimmerreinigen reichte es nicht mehr, da war der neue Mitarbeiter schon da. „Macht nix", meinte der und fiel müde in die Federn. Aber es machte doch was, meine Lehrfrau nahm Anstoß an den knubbeligen Ecken, und ich musste später das Bett nochmal beziehen. Der neue Mitbewohner amüsierte sich köstlich darüber und zog mich bei jeder Gelegenheit mit meinem missratenen Bettenbau auf. Sehr zu Unrecht, hatte ich doch den Fallenbau akkurat gelernt vor gut einem Jahr im Landdienst. Damals flog alles raus, wenn man beim Appell nicht die scharfkantig aufgebeigte Wäsche im Spind vorzeigen konnte, und alles musste neu eingeordnet werden. Oh – geheiligte Ordnung dieser Zeiten! Nicht viel außer der Erinnerung ist von diesem zweifelhaften Segen bis heute hängen geblieben.

Die Gärtnerlehrlinge, die öfters wechselten, wurden der Einfachheit halber alle Erwin genannt. Einmal gab es einen solchen, der meistens über den Sonntag mit dem Bähnele nach Hause fuhr. Das pfiff bereits, als der Erwin ins Haus fegte und dabei seinen Schaffpullover über den Kopf zog „Das langt nie", meinten wir bedauernd, „Das Zügle pfeift ja schon ..."

„Fünf Minuten sind kriegswichtig!", schrie der Erwin, und weg war er. Diesen Ausspruch habe ich nie vergessen und auch manchmal später erfahren, dass fünf Minuten entscheidend sein können.

War es ein Jahr zuvor auf der Rauen Alb das „Steineklauben" gewesen, so gab es jetzt wieder ein eher gewohntes Frühjahrsgeschäft, das Rebenlesen. Ganz alleine durfte ich im Wengert, der sich als „Strumpfbändel" den Hang hinaufzog, Rebenlesen und Reisigbüschele machen, die für den Backofen im Backhaus gebraucht wurden, wo einmal in der Woche Brot gebacken wurde. Immerhin kriegte ich dafür ein Lob. Beim späteren „Pfählstupfen" bekam ich kein Lob, dafür einen handfesten Spreisel in die Hand, der mich tagelang schlimm plagte. Auch Spritzbrühtragen durfte ich wieder, wie ich es seit jeher gewohnt war. In der Gießkanne trug ich die im Fass hinausgefahrene Spritzbrühe den steilen Wengerthang hinauf und füllte sie in die Buckelspritze. Mit der Spritze auf dem Rücken schritt der Weingärtner die Zeilen ab, betätigte unablässig den Pumpenschwengel und besprühte sorgfältig jeden Weinstock, damit den gefährlichen Rebenkrankheiten Einhalt geboten wurde. „Leer' mr's ja net ins G'nick!", wurde ich jedesmal beim Einfüllen der Spritzbrühe ermahnt; trotzdem oder gerade deshalb ging öfters mal ein Schugger daneben, was mir nicht gerade Lobesworte eintrug. Bis zu acht- oder zehnmal musste diese Spritztour in einem Sommer wiederholt werden. Aber oft genug blieb die unbestechliche Natur Sieger und regulierte auf ihre Art die Herbste.

Vor Ostern stand mal wieder die große Wäsche an. „Musst bald anfangen am Morgen und Feuer machen", ermahnte mich meine Lehrfrau. Die groben Sachen hatten wir schon in der Badewanne eingeweicht, der gröbste Schmutz wurde mit dem Wäschestampfer, einem wirklich segensreichen Hilfsmittel seinerzeit, kräftig herausgeklopft. Die weiße Wäsche kam in die Trommelwaschmaschine, unter der man Feuer machen konnte, so dass das kochfähige Waschgut gleichzeitig gekocht wurde. Eine Kreuztrommel in der Mitte bewegte die mit Waschpulver versetzte Brühe hin und her. Mit dem Wäscheprügel nahm man die Wäsche später wieder heraus und überbrühte sie im Waschzuber mit kochendem Wasser; anschließend wurde sie mehrmals gespült, wobei man das letzte Spülwasser mit ein wenig Waschblau versetzte, das ergab ein schimmerndes tiefes Weiß. Die Kochbrühe wurde gut ausgenützt zum Waschen der Buntwäsche.

Alles war Handarbeit, wobei das Auswringen die größte Mühe machte. Erleichtert waren wir alle, als wir eine moderne Wäschepresse kriegten, die allerdings auch mit viel Kraftaufwand von Hand zu bedienen war.

Waren die Gerätschaften in Ordnung, war auch die Wäsche gut zu bewältigen; aber fast jedesmal gab es Pannen, was unweigerlich mehr an Handarbeit nach sich zog, und das hieß Bürsten, Reiben, Auswringen und harte Arbeit.

Von Kreuzweh hatte ich allerdings in diesen jungen Jahren keine Ahnung und hörte weg, wenn die Älteren über ihr schmerzendes Kreuz jammerten. Heute würde ich es auch gerne tun, einfach ignorieren, wenn es denn helfen würde.

Zum Trocknen aufgehängt wurde die Wäsche bei schönem Wetter im Garten, bei Regenwetter mussten die schweren Waschkörbe auf die Bühne geschleppt und dort Seile zum Aufhängen der Wäsche gespannt werden.

Angenehmer waren da schon die Bügeltage, in deren Genuss ich aber recht selten kam.

Vier Tage dauerte die große Wäsche, die alle sechs Wochen vorgenommen wurde. Es kam auch vor, dass ich eigentlich nicht kochbare Wäsche versehentlich kochte, was mir großen Ärger eintrug, wenn danach des entsprechende Kleidungsstück nichts mehr taugte.

Zum Schluss nutzte man die warme Waschbrühe noch zum Reinigen der Steinfliesen, Fenstersimsen und Blumenkübeln und dergleichen mehr.

Dass auch das Töten von Geflügel zum Lehrjahr gehörte, wusste ich nicht oder hatte es einfach nicht wahrhaben wollen. Sicher – erlebt hatte ich es schon öfters, wenn ein Schwein oder ein Stallhase geschlachtet wurde, oder meine Bäuerin im Landdienst ein Huhn oder eine Ente für den Kochtopf geholt hatte. Auch in der Kinderzeit war es so gewesen. Damals hatte man diese Dinge eben hingenommen, sie waren ja auch fürs Überleben wichtig. Es war einfach so und man fragte nicht weiter.

Aber selber hatte ich mich bisher immer davor drücken

können. Ich konnte das einfach nicht, wollte es auch nicht lernen. Vielleicht hat dies dazu beigetragen, meine Berufsziele am Schluss dieses Lehrjahres nochmals zu überdenken.

Es war spät geworden an jenem Samstagabend und ich sehnte mich nach meinem Bett, da fiel es dem Herrn des Hauses ein, dass er ja gerne am Sonntag einen Entenbraten essen würde. Ein Enterich musste geschlachtet werden. „Komm, ich zeige es dir ...!" Meine Lehrfrau sah mich zweifelnd an, sie traute mir denn doch nicht. Sie griff nach einem langen spitzen Messer und wir begaben uns zum Entenstall, wo sich die Tierlein bereits zur Ruhe begeben hatten. Dort fing sie den armen Delinquenten ein, betäubte ihn kurz mit einem Prügel und stach ihm dann das lange Messer durch den Schlund in den Kopf. Der Gehirnstich sei die humanste Tötungsart, erklärte sie mir. Mir aber wurde schlecht vor Entsetzen. Es half mir aber nicht. Das Tier musste sofort gerupft werden. Schaudernd und müde hockte ich auf der Terrasse und rupfte dem warmen Körper, der immer wieder Zuckungen von sich gab, die Federn aus. Essen brauchte ich nichts von dem Braten, das wäre mir auch nicht möglich gewesen.

Fachkundig hatte meine Lehrfrau eine Henne, die brüten wollte, auf die Eier gesetzt. Eifrig brütete die „Glucksere". Nach angemessener Zeit schlüpften goldgelbe flaumige Küken aus den Eiern. Die „Bibberle" samt Mama wurden in einer Kiste mitgenommen in die Gärtnerei, wo sie es schön warm und einen geschützten Auslauf hatten. Allerdings wurden sie schleunigst aus dem Glashaus verjagt, wenn sie sich schärrend und piepsend zwischen die zarten Pflänzchen wagten.

Das Kükenfutter hatte ich täglich von zu Hause mitzunehmen. „Vergiss auch das Futter nicht!", wurde ich öfters ermahnt. Aber wieder mal hatte ich meine morgendliche Arbeit unausgeschlafen gemacht und schließlich das Kükenfutter doch vergessen. Meine heißgeliebten Tierlein mussten hungern, nur weil ich meine Gedanken nicht sammeln konnte oder geträumt hatte. Es trug mir jedesmal ein schlechtes Gewissen ein.

Was hat mir diese „besondere Gabe" nicht alles eingetragen im Laufe des Lebens!

Aber meine Vergesslichkeit und Träumerei war es ganz und gar nicht, dass die kleinen Gänsekinder so ein hartes Los erleiden mussten. Hatten die Küken auch manchmal ihr Futter anderweitig suchen müssen, weil ich es daheim hatte stehen lassen, so konnte ich es den „Griele" doch an ihren Grasplatz im Garten hochbringen, wo sie von ihrer Gänsemama stolz ausgeführt wurden; sie beäugte jeden Fremden misstrauisch und fauchte einen feindselig an, wenn man ihr zu nahe kam. Ihre Kinderstube hatten die Gänslein in einer alten Kiste. Wenn ich morgens den Schlag aufmachte, purzelten sie kopfüber heraus, jedes wollte zuerst an den Futtertrog.

Mehrmals hatte ich darauf aufmerksam gemacht, dass die Kiste nicht dicht sei und breite Ritzen habe; diese hatte ich so gut wie möglich verstopft. Aber es half alles nichts. Eines Morgens fand ich beim Öffnen des Schlages nur noch die alte Gans, die aufgeregt heraus flatterte und nach ihren Jungen suchte. Von denen fanden sich nur noch winzige Teilchen, ein gelbes Flügelchen, ein Beinchen und auf dem Boden verstreut gelber Flaum. Ein Räuber, was auch immer, hatte meine Gänsekinder gestohlen! Die Trauer war groß, nichts konnte mich trösten, die Gänslein waren nicht mehr. Und zu spät kam die Einsicht, dass die alte Kiste eben doch nicht sicher genug gewesen war.

An den wenigen Freistunden am Sonntagnachmittag war ich öfters mit einem gleichaltrigen Nachbarsmädchen zusammen. Gemeinsam liefen wir durch Wald und Flur. Unser Hofhund Bruno witterte das und zerrte an seiner Kette, bis ich ihn losmachte und mitnahm.

Bei schönem Wetter gingen wir auch manchmal hinauf zum nahegelegenen Wunnenstein. „Bruno, da kannst nicht mit rauf ..." Aber der Hund zog seinen mageren Hals einfach durch das Halsband und blieb uns auf den Fersen. Rauf ging es noch einigermaßen, und runter rutschte er auf dem Bauch. Halb trugen wir ihn, halb zerrten wir ihn, es war ein denkwürdiger Ausflug.

Der halbblinde Bruno war mir sehr zugetan, ich brachte ihm ja auch jeden Tag sein Fressen. Und da ich ja angehalten war, keinen Gang umsonst zu tun, pflegte ich das Hundefressen mit hinunter zu nehmen zur Hundehütte, wenn ich zur nahegelegenen Milchsammelstelle ging, um die Kanne mit der zugeteilten Magermilch wieder abzuholen. Und da war ich doch einmal so in Gedanken versunken, dass ich den Futternapf an der Hundehütte vorbei und mit zur Milchsammelstelle trug. Hinter mir schnaufte es verdächtig, und als ich mich umdrehte, stand da der Bruno und blickte mich aus seinen feuchten Hundeaugen vorwurfsvoll an. Schleunigst holte ich meine Milchkanne und machte mich von dannen, den hungrigen Hund im Gefolge.

Eigentlich hat ja auch ein wenig Nachlässigkeit sein Gutes. Wenn ich später mal gar keine Zeit hatte zum Putzen, dann erfand ich den „Geistesputz", ich bildete mir einfach ein, die Wohnung sei sauber! Die „staubige" Erfindung funktionierte. „Wenn es euch zu dreckig ist, müsst ihr halt putzen!", schrieb ich auf einen Zettel für meine halbflüggen Töchter. Als ich dann von der Kurzreise wiederkam, stand unter meiner Anweisung: „Uns war's nicht zu dreckig!" Basta – so geht's auch! Umgekehrt müsste ich es ihnen eigentlich jetzt unter die Nase reiben, wenn sie bei ihren gelegentlichen Besuchen kritisch meine Siebensachen beäugen und anfangen, meine Küche zu fummeln. Mir ist es nämlich jetzt auch sauber genug!

Die Feldarbeit im Freiland begann. Ganze Äcker mussten ausgesetzt werden mit Salat- und Krautsetzlingen. Gebückt standen wir in den Reihen und setzten Pflänzchen um Pflänzchen in die Erde. Das Kreuz spürte man nicht mehr in diesen Tagen. In der Folgezeit musste geharkt, gejätet und gegossen werden. Gut wenn es regnete, so blieb einem wenigstens das Gießen erspart.

„Heut' machen wir aber zeitig Feierabend", sagte meine Lehrfrau an jenem Samstagabend. Zeitig – damit meinte sie so ungefähr achtzehn Uhr. Daheim wartete natürlich noch die gewohnte Samstagabendarbeit. Es war mein sechzehnter Geburtstag.

Bei Licht hatte ich noch die Küche geputzt und stieg nun auf einen Hocker, um auch noch die Milchglaskugel der Lampe sauber zu machen. Von der Eckbank aus schaute mir eine zu Besuch weilende junge Frau zu, wie ich da oben an der Decke herum fummelte. Müde wie ich war, konnte ich nicht mehr logisch denken und fing an, die heiße Milchglaskugel mit dem nassen Lappen abzureiben. Die nahm mir das aber entsetzlich übel - sie zerbarst mit lautem Knall, wir erstarrten im Dunkel. Ich fiel fast vom Hocker vor Schreck. Als erste hatte sich die junge Frau auf der Eckbank gefasst. „Oh Mädle, Sie sind aber auch ein Glanzlicht!", meinte sie lachend. Immerhin, sie hatte „Sie" zu mir gesagt, Respekt vor meinen nächtlichen Putzkünsten schien sie zu haben. Geknickt und heulend vor Müdigkeit kehrte ich die Scherben zusammen. „Sie Glanzlicht!" Es ist mir nie aus dem Kopf gegangen, und ein „Glanzlicht" ist mir im späteren Leben auch noch oft aufgegangen.

Als Lehrling hatte ich neben der Ausbildung in Haus und Garten auch die Fortbildungsschule zu besuchen, das heißt, ich hätte die Hauswirtschaftliche Berufsschule besuchen sollen. Da aber ständig dort die Lehrkräfte fehlten oder krank waren, fiel der Unterricht regelmäßig aus, mehr als fünf Vormittage habe ich in diesem Jahr nicht dort verbracht. Der Not gehorchend, wurden diese Dinge im ersten Nachkriegsjahr nicht so wichtig genommen. Nun denn – Kochen und Haushalt schaffen habe ich im Laufe der Zeit gründlich gelernt, auch ohne Unterricht in der

Schule, und auch da ist mir so manchesmal eine Erleuchtung gekommen.

Das duftende Heu wurde eingebracht, es wurde Sommer. Der erste Salat wurde geschnitten, das junge Gemüse geerntet. Fleißig hatten wir gehackt, gefelgt, Unkraut gejätet und gewässert. Auch die Blumenbeete standen in voller Pracht; sie kümmerten sich nicht um Not und Hunger, ebensowenig wie die Schmetterlinge und Vögelein, die darüber flatterten und trällerten, wie leuchtende Symbole der Hoffnung in dieser verworrenen Zeit.

Die Getreideernte kam herbei. Im Morgengrauen zogen die Schnitter ins Feld, das reife Korn zu schneiden. Schlag um Schlag wurde das Getreide geschnitten mit der Sense, die Nachfolgenden nahmen es mit der Sichel auf und legten es in Schwaden, damit es abtrocknen konnte. Am späten Nachmittag wurden Garben gebunden. Fuhrwerke rumpelten in den Acker, starke Arme gabelten die Fruchtgarben auf den Wagen und die kostbare Fracht wurde heimgefahren in die schützende Scheune, wo das Getreide bis zum Winter lagerte und auf das Dreschen wartete. Hier bei uns gab es noch einen Ackergaul, der Pflug und Leiterwagen zog, er hatte aufgrund seines Alters den Krieg überdauert.

Wenn Erntezeit war, hatte alles zurückzustehen vor dem Einbringen des Brotes. Kinder kamen zum Ährenlesen auf die abgeernteten Felder. Nichts durfte dem Verderb preisgegeben werden. Ernte – das reife Korn einbringen, später das Obst und die Kartoffeln. Zufrieden und erfüllt von getaner Pflicht beschloss man den Tag. In Scheune und Keller lagerten die Vorräte für den Winter, Hoffnung und Zuversicht stellten sich ein nach diesen schrecklichen Zeiten.

Auch mein „Ziefer" profitierte in diesen Tagen, da fiel so manches extra Körnlein ab. Die Küken waren inzwischen zu stattlichen Junghühnern herangewachsen, während vom männlichen Nachwuchs wohl auch etliches in den Topf gewandert war. Ein paar Hähne genügten, um den Fortbestand der eierlegenden Zunft zu sichern. Die aber fochten untereinander blutige Hahnenkämpfe aus um die Vorherrschaft im Hühnerstall, so dass die Unterlegenen alsbald den Weg ihrer Vorgänger gehen mussten.

In den Spätsommertagen kriegten wir Zuwachs, und zwar in Form von einem ausgewachsenen Schafbock. Wir nannten ihn Herkules, weil er so stark war und so grimmig aussah. Gelinde ausgedrückt war er ein hinterhältiges Miststück. Mit den gebogenen Hörnern und böse funkelnden Augen unter den buschigen Brauen wirkte er unheimlich und gefährlich. Herkules wurde in einen leeren Schweinestall gesperrt, dessen Türe offenbar nicht fest zu schließen war; der Riegel dort war ziemlich locker, der Wüterich stieß die Stalltüre immer wieder auf. Kam man harmlos des Weges, tappte dieses Scheusal mit geducktem Kopf hinter einem her, und wenn man nicht schleunigst einen rettenden Unterschlupf fand, konnte das böse Folgen haben. Ich war für ihn eher ein schwächliches Objekt. Dieses Monster auch noch zu füttern, hatte ich mich standhaft geweigert. Aber dieser Mistkerl klaute! Er lauerte mir auf, bis ich mit dem Futtereimer nach oben zum Hühnerstall ging, schlich dann hinter mir her, und kaum hatte ich das Futter ausgeleert, hatte er auch schon seine Hörner im Trog. Ich versuchte, schneller zu sein als er, und manchmal gelang mir das ja auch. An jenem Tage hatte ich ihn allerdings nicht bemerkt, als er mir auf dem Weg zum Hühnerstall nachstellte. Plötzlich schubste er mich mit solcher Wucht von hinten, dass die Futtereimer hoch im Bogen durch die Luft flogen und ich hinfiel und mir die Knie aufschlug. Der Saukerl hatte sein boshaftes Werk vollbracht, worauf er wild umher rannte und Bocksprünge vollführte. Und wer den Schaden hat, braucht bekanntlich für den Spott nicht zu sorgen.

Zuletzt weigerte ich mich, das Viehzeug oben im Garten zu füttern. Aber schließlich blieb ich nicht die Einzige, die der Herkules auf seine Hörner genommen hatte, und so hatte endlich sein letztes Stündlein geschlagen. Er wurde geschlachtet und kam in den Topf! Auf sein Fleisch konnte man ja in diesen Zeiten schwerlich verzichten. Wochenlang „bockelte" es im Haus. Mir wurde von seinem Geruch schon schlecht, nichts und niemand hätte mich dazu bewegen können, auch nur einen Bissen von ihm hinunterzuwürgen.

Im Frühjahr und Sommer blieb keine Zeit zum Großreinemachen, und die Herbst- und Erntearbeiten dauerten bis hinein in den Dezember. So blieb der jährliche Großputz dem Winter vorbehalten. Angenehm war das nicht, bei klirrender Kälte das ganze Haus von oben bis unten gründlich zu putzen und wir froren uns manchmal fast die Finger ab. Kein Spray mit „Wisch und Weg", nichts dergleichen von solchen modernen Super-Hilfsmitteln! Die Parkettböden in den Zimmern mussten auf den Knien geschrubbt und eingewachst werden. „Anders werden die nicht sauber", bestimmte meine Lehrfrau. Anschließend mit dem „Blocker" auf Hochglanz bringen und dann mit dem Mob nachpolieren! Sämtliche Möbel mit Essigwasser abreiben, Fensterputzen mit Spiritus im Putzwasser und mit Zeitungspapier nachreiben. Nichts durfte ausgelassen werden, auch nicht das dunkel gebeizte Treppenhaus, auf dem man jedes Staubkörnchen sah. An einem etwas milderen Wintertag schleppten wir die Matratzen auf die Terrasse, um sie dort gründlich zu klopfen und zu bürsten. Nachdem sie den Tag über gut durchgelüftet wurden und wir inzwischen die Bettröste und Betten samt übrigem Mobiliar gründlich abgeschrubbt hatten, durften wir die Matratzen wieder hereintragen. Da surrte kein so segensreicher Staubsauger wie heute, der Teppichklopfer von Hand tat's auch! Heute fristen die nicht mehr gebrauchten Putzutensilien in Museen ein arbeitsloses anschauliches Dasein. Bei mir stehen Blocker und Mob noch in der Putzecke, habe ich doch in den siebziger Jahren den jährlichen Großputz damit noch sehr genau genommen. Die Lässigkeit kam ganz von selbst, nicht zuletzt wegen dem lästigen Zipperlein, das einen im Alter gnadenlos zu befallen pflegt.

Auch das Dreschen von Weizen, Gerste und Roggen war dem Winter vorbehalten. Die hauseigene Dreschmaschine brauchte mehrere Tage, um die Frucht von der Spreu zu trennen und wir schluckten so manchen Dreck oben auf der Maschine beim Aufmachen der Garben und Einlegen in die Dreschspalte. Das ausgedroschene Stroh wurde wieder gebunden und für die weitere Verwendung gestapelt. Froh waren wir alle, als diese staubige Arbeit endlich beendet war.

Gut dass es im Winter früh dunkel wurde. So gab es an manchen Abenden doch noch so etwas wie Gemütlichkeit, wenn wir in der Küche beisammen saßen und flickten und jeder aus seinen mehr oder weniger schlimmen Erinnerungen aus der Kriegszeit erzählte. Unsere verhinderten Heimkehrer schwiegen sich aus über die Fronterfahrungen. Schock und Schrecken waren noch zu frisch und saßen zu tief.

Damals nein zu sagen, zu einem totalitären Regime, das erforderte mehr als Courage, das war Todesmut. Viele, die es trotzdem gewagt hatten, verloren den Kampf oder gar ihr Leben.

Ihr habt uns nie davon erzählt, werfen uns unsere Kinder heute vor. Doch, das haben wir, immer wieder, aber sie hörten nicht zu, wollten es nicht hören. Wir erzählten ihnen von dem Opa, den sie nie kennenlernten, weil er vom Krieg nicht wiederkam. Sie nahmen es auf wie eine Erzählung. Wie sollten sie auch begreifen, was die Erwachsenen nicht fassen konnten. Ja, vieles ging unter, wurde verdrängt, weil wir den eigenen Weg in den Griff kriegen mussten. Und die Soldaten, die diesen schrecklichen Krieg überlebt hatten, gezeichnet für ihr ganzes weitere Leben, die redeten nicht gerne über das Erlebte und Unfassbare. In der Schule wurde diese Zeit nur vorsichtig behandelt. Es ist wie ein Alptraum und die Erinnerung kommt hoch, wenn von Unglücken und Naturkatastrophen berichtet wird. Der stete Druck, der auf einem lastete, das Bewusstsein, eingebunden zu sein in einen unerbittlichen Krieg und kein Ausscheren möglich war. Wie soll man das den Kindern und Enkelkindern erklären? Sie müssen ihre eigene Zeit bestehen, die ganz andere Herausforderungen bringt, mit fortschreitender Technik und besorgniserregendem Klimawandel.

Die Flickwäsche wurde nie weniger: Säcke mussten geflickt und ausgebessert werden, um für die nächste Ernte bereit zu sein, Socken, Strümpfe, Kleider, Schürzen und Arbeitshosen und Arbeitskittel durchgesehen und wenn nötig instand gesetzt werden. Alles wurde sorgfältig geflickt und gestopft und gewendet, bis es wirklich nichts mehr zu reparieren gab. Aber selbst dann landete es nicht auf dem Müll, sondern wurde aufbewahrt. Nichts wurde einfach weggeworfen, man hätte es ja doch noch einmal brauchen können. Not macht erfinderisch, da gab es die sonderbarsten Kreationen. Aus Roggenstroh fertigten wir Hausschlappen, letzte Lumpen fanden Verwendung zu einem Flickenteppich und Anderem. Manchmal entstanden da wahre Kunstwerke. Die Kriegsgeneration kann heute noch nicht alles so einfach wegwerfen, so wie das leichtfertig die Jungen tun. Entsorgen und weg damit! Ist ja auch wahr, nichts Neues hat Platz im Schrank, wenn das Alte nicht rauskommt.

Aber 1946 gab es kaum Neues zu kaufen, nicht einmal auf Bezugschein. Geld wäre vielleicht genug dagewesen, doch die Reichsmark war nichts mehr wert, und wenn man etwas ergatterte, war es schlechte Qualität, Kriegsware. Keiner, der die Zeit nicht miterlebt hat, kann sich vorstellen, wie man sich in den ersten Nachkriegsjahren zu behelfen suchte.

Bei der Währungsreform am 20. Juni 1948 wurde die

Reichsmark 1:10 abgewertet. Schlagartig füllten sich Schaufenster und Regale, irgendwo musste das vorher gehortet gewesen sein. Allerdings bekam jeder zum Stichtag nur 40 DM Kopfgeld. Für eine kurze Spanne Zeit waren alle gleich reich. Aber es ging aufwärts. Endlich konnte man wieder für sein Geld auch etwas Brauchbares kaufen.

Als Lohn bekam ich im ersten Lehrjahr 45 Reichsmark, obwohl mir eigentlich nur 35 Mark monatlich zugestanden hätten. Vielleicht war die Erhöhung ein Trostpflaster für die unendlich lange Arbeitszeit; Ferien oder Urlaub gab es überhaupt nicht in diesem Jahr. Außerdem hätte ich auch gar keine Gelegenheit zum Geldausgeben gehabt, und Kost und Logis hatte ich ja im Hause. An den paar Freistunden am Sonntagnachmittag ging ich spazieren, falls ich sie nicht komplett verschlief. Sich zu wehren gegen einen so langen Arbeitstag, seine Rechte einzufordern, es wäre wohl keinem Lehrling in den Sinn gekommen.

Als Landdienstmädel der Hitlerjugend sollte ich damals ein monatliches Gehalt von neun Reichsmark bekommen, die jedoch auf ein Arbeitsbuchkonto eingezahlt wurden, wo sie wohl heute noch ruhen müssten, wenn mein damaliger Arbeitgeber, das Dritte Reich, nicht schmählich untergegangen wäre.

An Weihnachten 1946 aber durfte ich heim, es war das zweite Nachkriegsweihnachten. Mit der Bahn fuhr ich sozusagen „mit der Kirch ums Dorf", aber immerhin nicht mehr in hoffnungslos überfüllten Zügen, aus denen man wegen Luftgefahr immer wieder rausspringen und um sein Leben rennen musste. Angst vor gefährlichen Tieffliegern brauchte jetzt niemand mehr zu haben.

Doch eine dumpfe Angst begleitete einen immer noch. So vieles lag noch im Argen, viele der Lieben waren noch in Gefangenschaft oder würden nie mehr heimkommen, irgendwo im fernen Land war ihr Grab, das nur in Gedanken zu besuchen war, auf das keine Blumen als Liebesgruß gelegt werden konnten.

Der Zug stampfte schwerfällig dahin. Viele Schicksale hätten die verwitterten Holzbänke erzählen können, um die sich jetzt nicht mehr mit Gepäck und Sorgen beladene Menschen drängten. An den schmutzigen Wänden gab es hässliche kahle Stellen, dort hatte man die Plakate entfernt, auf denen die Kriegsparolen Kampf bis zum Endsieg verkündet hatten. „Räder müssen rollen für den Sieg", oder „Feind hört mit" und der einäugige „Kohlenklau", der vor Diebstahl gewarnt hatte. Was hätten die bis zu den Trittbrettern hinaus vollgestopften Zugabteile nicht alles erzählen können! Von verängstigten und auch mutigen Menschen, die so oft wegen der drohenden Gefahr von oben aus dem Zug gesprungen waren, um irgendwo Schutz zu suchen, den es nicht gab, und manchmal auch gar kein Weiterfahren mehr, weil die Treffer tödlich waren. Auch ich erinnere mich mit Schrecken an die gefährlichen Heimfahrten mit dem Zug an Weihnachten 1944 und nochmals zur Konfirmation im Februar 1945, wo ich jeweils einen vollen Tag gebraucht hatte, um von meiner Dienststelle in Dischingen im Härtsfeld heimzukommen nach Bönnigheim. Rausspringen und Schutz suchen hatten wir mehrmals müssen, jedoch bin ich jedesmal glücklich zuhause angekommen.

Aber heute, am Heiligen Abend des Jahres 1946, leuchtete zaghaft hin und wieder ein Lichterbaum in die Dunkelheit, ein unendlich erlösender Hoffnungsschimmer auf eine friedliche Zukunft. Jetzt durften wieder Lichter weithin leuchten, doch die Beklemmung an jahrelange Dunkelheit und nächtliche Verdunkelung, bei der kein Lichtschimmer nach oben zu den todbringenden Bombern dringen durfte, lastete noch schwer. Kriegskinder, die nichts anderes kannten, als dass jeden Abend bei einbrechender Dunkelheit die schwarzen Rollos heruntergelassen und alle Lichtquellen mit schwarzer Pappe verdunkelt wurden, nahmen diese Dinge so selbstverständlich hin wie das Heulen der

Alarmsirene oder das Schlafen im Luftschutzkeller und Bunker. So lernte auch die Lisbeth zu ihrer Konfirmation: „ ... bei dem Vater des Lichts, bei welchem ist keine Verdunkelung noch Dunkelheit ..."
Ich aber durfte dieses Weihnachten ohne Verdunkelung in der Heimat verbringen. Noch gab es nur karge Kerzenstummel an den Christbäumen, die Not war größer als in den Kriegsjahren. Es war kein Krieg mehr, es herrschte Frieden, wenn das auch nur ein vager Begriff war und noch nicht erkennbar im zerstörten Heimatland.

Nach den Festtagen ging es zurück zu meiner Arbeitsstelle. Mein erstes Lehrjahr näherte sich dem Ende. Das zweite sollte ich weitab irgendwo im Land verbringen. Ich tat mir sehr schwer mit dieser Entscheidung. Vielleicht wäre alles anders gekommen und ich hätte weitergemacht mit dieser Lehre, wenn nicht Entscheidendes geschehen wäre. Ich wurde ernstlich krank. Es war wie ein Wink des Schicksals.

Aber es fiel mir dann doch recht schwer, von meinen geliebten Viechern Abschied zu nehmen, sie waren mir im Laufe der Zeit ans Herz gewachsen. Hofhund Bruno musste meinen Abschied nicht mehr miterleben, er hatte vorher das Zeitliche gesegnet. Und vielleicht fanden meine Viecher ja wieder jemanden, der nicht so träumerisch und vergesslich war und ständig ihr Futter vergaß.

Lehrjahre sind nun mal keine Herrenjahre, das war früher so und ist es heute noch. Das Sprichwort allerdings bewahrheitet sich immer wieder:

> „Man wird so alt wie eine Kuh
> und lernt immer noch dazu!"

Alles ist der Veränderung unterworfen. Jede Zeit hat ihre eigenen Herausforderungen. Und doch bedrückt einen die Schnelligkeit, mit der sich unsere Welt verändert. Der spürbar werdende Klimawandel, die rasant fortschreitende Technik, die uns Ältere manchmal auch auf der Strecke bleiben lässt. Aber auch wir sind gehalten weiterzumachen, nicht an Vergangenem hängen zu bleiben und unser Scherflein zum Jetzt zu geben. Die so oft zitierte gute alte Zeit – die hat es nie gegeben. Wenn auch so manches an Gemütlichkeit auf der Strecke geblieben ist, die heimeligen Vorsitze in Nachbars Stube oder das Bänkle vor dem Haus, auf dem ganz selten noch jemand sitzt.

Aus der Reichsmark wurde 1948 die Deutsche Mark und aus der DM ab 2002 der Euro, den wir zweimal umdrehen müssen, um mit ihm hauszuhalten.

Sind wir einst noch zur Tripsdrill gelaufen, an Sonntagen oft zweimal hin und zurück, wenn dort zum Tanz aufgespielt wurde, so fahren jetzt Busse und Autos täglich zum bekannten Erlebnispark Tripsdrill, und die Altweibermühle ist nur eine der vielseitigen Attraktionen, zu denen sich jedes Jahr neue gesellen. Für die Großelterngeneration ein willkommener Anreiz bei besonderen Anlässen, ist man doch hoffnungslos überfordert, was man denn den Enkeln bloß auch schenken soll! Die Oma braucht nur noch den Tagespass für ihre Lieben zu kaufen, und schon kann der Spass rundherum an allen Attraktionen losgehen, mit reichlich Angeboten zur Stärkung dazwischen. An der Rutschbahn bei der Altweibermühle wartet sie lieber unten auf die putzmunter da herausrutschenden Enkel. Früher ja, da hat es funktioniert, aber heute? Wäre ja zu schön, wenn man so beim Rutschen allein wieder ein Stück Jugend holen könnte.

Sofern man aber noch gut zu Fuß ist, läuft es sich wunderbar auf befestigten Wegen und durch sehr gepflegte Weinberganlagen hinauf zum Michaelsberg oder durch den Strombergwald.

Unsere Stadt selbst ist zur Kulturstadt geworden mit ihrer

historischen Altstadt und den Museen: Museum für Naive Kunst, Museum zur Erinnerung an Sophie la Roche, Apothekenmuseum und dem bekannten Schwäbischen Schnapsmuseum im Steinhaus, das wir unserem geistreichen Kurt Sartorius verdanken, der in seinen „Schwarzen Stadtführungen" allerhand an geheimnisvoller Vergangenheit offenlegt.

Was hat das Steinhaus alles wohl geseh'n
in seinem vielhundertjährigen Besteh'n?
In seinem tiefen Kellergewölbe,
in seinen trutz'gen Mauerwänden?
Wenn in Krieg und vielem Argen
schutzsuchend Menschen sich darin verbargen?
Es gab Hort für Wein und Most,
tat kühlen auch des Menschen Kost,
und gab im Sommer wie im Winter
ein Nest für Vieh und Menschenkinder.
Hat oft gedient auch zum Verstecken,
was nicht das Tageslicht sollt' decken;
vielleicht hat mancher Branntewein
gesehen heimlich' Stelldichein.
Doch hat der Honorableus
Spiritius Kurt Sartorius
rund zwölfhundert Jahre später
entdeckt geheimnisvolle Täter!
Geistreich steigt nun aus dem Glase,
was erst durchlaufen hat des Brenners Blase!

Von der Historischen Gesellschaft werden im Steinhaus immer wieder Ausstellungen vom Leben unserer Vorfahren organisiert. „Weg g'schmisse wird nex" – so das Motto der diesjährigen Ausstellung. Anschaulich ist dort ausgewiesen, wie Not erfinderisch machen kann – und Notzeiten gab es viele!
Ein Denkmal aus alter Zeit ist auch die Zehntscheuer im

Meierhof, die Zeugnis gibt vom einstigen „Zehnten", den die Bauern dort abliefern mussten von allem, was sie auf ihren Feldern erzeugten. In schlechten Zeiten mag das wohl oft an die Grenzen gegangen sein, vor allem, wenn eine große Familie zu versorgen war.

Im Jahr 2007 ist die Zehntscheuer renoviert worden, der Erdboden erhielt zum Teil einen Bretterboden, Dachsparren und Balken und das Dach wurden erneuert.

Der altehrwürdige Meierhof in Bönnigheims Mitte repräsentiert heute noch das ländliche Leben von einst. Das aber mag immer noch gelten, wie es an einer Hauswand in Künzelsau zu lesen ist:

> Was ein Glück auf dieser Welt,
> dass Tod und Teufel nimmt kein Geld;
> es säß sonst mancher arme G'sell
> für seinen Meister in der Höll'!

Noch ist neben dem Bleichwiesle ein leerer grüner Platz, der Ort der einstigen Nähseidefabrik Amann, die vielen Bürgern Arbeit und Brot gab. Aber bald soll der Platz wieder bebaut werden und auch eine neue Stadthalle soll dort erstehen.

Zwischen Bleichwiesle und Fabrikgebäude gab es damals unser Stadtbad, nur wenige Meter groß, aber groß genug, um an heißen Tagen Kühlung zu finden. Und auch Schwimmen hat unsere Generation dort gelernt, neben mancherlei an anderen Dingen.

Dagegen ist unser heutiges Mineral-Freibad der reinste Erholungspark, der Mineralbrunnen dort spendet dazu das Gesundheitselixier. Leider sind unsere Badesommer zu kurz und unbeständig, so dass das wunderschöne Freibad an manchen Tagen vergeblich auf Badegäste wartet.

So war's von alters her im Lot:
„dr Ma" bei AMANN verdient das täglich' Brot!
Derweil sein braves Weib zuhaus'
pflegt Heim und Kind und geht au naus
ins Äckerle, Wiesle oder Stückle,
was oftmals doch zuviel fürs Krückle ...
Und so begab sich's einst zu Bönnigheim:
Als Brotgeber Amann wandert heim,
sieht er 's müde Weible dort am Wegrand sitzen,
a Führle Sach g'richt, sie tut schwitzen ...
Leutselig fragt Herr Amann an,
ob er vielleicht a bissle helfen kann?
„Oh danke", meint das brave Weib,
„oh danke, nein, des brauchet Se net –
mein Ma, der kommt jetzt sicher glei,
der isch ausg'ruht, der ka schiebe,
der schafft dr ganze Tag beim AMANN drübe ..."

Frau Eugenie Seeger beschrieb ihre Zeit so:
Hannelore dapfer komm
Mach's Fenster uff, dr Storch fliegt rom!
Er will dir bringe in dei Stube
a Mädle oder au en Bube!
Noi, noi – lass no des Fenster zu!
I will jetzt au amol mei Ruh'!
I will net allweil Kindsmagd sein,
I will jetzt au a bissle frei!
Der soll zu ebber anders fliege,
mir brauche au net alle kriege!
Mei Mamma on mein Vadder dankt:
Mir sind zehn Kinder jetzt, des langt!

Da schlugen die Veränderungen gravierend zu Buche.
Man hat dem Storch ja gewaltig ins Handwerk gepfuscht,
was Wunder, dass der Kindersegen ausgeblieben ist.

Bilanz zur 75er-Feier

Die Schule begann 1937 und unsere Bildung auch ...
Die dann ungeahnte Wende nahm,
als 1939 der schlimme Krieg begann.
Bei Christian Raiser lernten wir das ABC,
Lesen, Schreiben, Rechnen und noch mehr ...
Im Schulhof Glieder schlenkern, das war Turnen,
und im Winter auf der Schlurre schlurren!
Schulausflüge waren selten,
mal zur Ravensburg, mal in die Felsengärten;
dafür gab's Lerngänge im Wald und auf der Heide,
ein Lied auf den Lippen, dem Vaterland zur Freude ...
Sammeln ersetzt das Spiel der Kinderzeit,
Kampf dem Verderb bittere Notwendigkeit:
Maikäfer und Kartoffelkäfer, vielerlei Kräuter,
getrocknet dann zum „deutschen Tee",
und sammeln auch fürs WHW (Winterhilfswerk).
Ferien, Vakanz – das hieß helfen, wo es immer fehlte,
Kinder hüten, Ährenlesen, Obst, Kartoffeln aufzulesen,
Zusammenrücken mussten wir in den Klassen,
zu dritt wir in der Schulbank saßen –
und waren wir endlich schön beim Lernen,
heulte die Alarmsirene und schickte uns in den Keller!
Der Krieg, der nahm uns alle in die Pflicht,
verschonte Väter, Kinder nicht ...
Und noch 1945 ereilt' uns das Gebot:
Zu Pflichtjahr, Landdienst ruft das letzte Aufgebot!
Kampf bis zum Endsieg! - So hieß die Parole –
Bildung wäre später nachzuholen ...
Doch hat das „Tausendjährige Reich",
das nur zwölf Jahre dann gedauert,
so manchem hoffnungsvollen Geist
die Lebenschancen eingemauert!
Abitur und Studium – nur Wenigen war es vergönnt –
Jedoch im Wirtschaftswunder man uns Meister nennt!

Zum Jahresausklang
Der Nachwelt sei es überlassen
abzuschätzen, was wir hinterlassen ...
Ob es vielleicht einmal wird heißen:
Damals, das waren halt noch Zeiten ...
Oder aber: Was haben uns're Alten, Lieben,
denn nur für Blödsinn so getrieben?
Der Wunsch zum Neuen, jetzo Alten,
dass wir uns über Wasser halten,
erfüllte sich – allein, es trügte oft der Schein!
Zwar gab's Gelegenheit zum Trimmen,
und Wasser gab's genug zum Schwimmen;
doch war es mancherorts nicht klar,
ob dieses noch die Wohlstandsjahr'-
wie es in der 60er-, 70er Zeit
schöne Regelmäßigkeit,
und nach diesen fetten Jahren
magere Zeiten wir erfahren?
Weithin hört man den Ruf erschallen:
Ihr müsst den Gürtel enger schnallen!
Was wohl geschah:
Manch einen dünn man werden sah!
Doch blieb bisher im Hals uns stecken
die Angst vor Krieg und großem Schrecken;
wie so oft vom Globus rund
wurde schlimme Nachricht kund.
Nun stehn wir wieder an des Jahres Schwelle,
voll Hoffnung, dass die Zukunft helle;
dass trügen nicht die schillernd Seiten
die versprechen gute Zeiten ...
Doch wären Wünsche nur allein,
blieb unvermögend alles menschlich' Sein!
Drum gib, oh Herr, uns gut' Geleit,
dies kommend' Jahr – und allezeit!

Millenium, Jahrtausendwende –
Besinnung, geht die Zeit zu Ende?
Und Unkenrufe weit und breit:
Die Welt geht unter, macht euch bereit!
Doch nichts geschah –
die Welt blieb, wie sie immer war:
Wasserfluten, Dürrezeiten, Kriege
und des Fortschritts Siege;
Klimawandel ist zu spüren,
wohin wird uns die Technik führen?
Das Jahr 00 – ist das noch Zeit?
00 – hat das Beständigkeit?
In Kurzform schrieben wir's ein ganzes Jahr,
zuletzt es wie die andern war.
Mal war es gut, mal war es schlecht,
so wie's der Herrgott will, so ist es recht!

Kleinvieh macht auch Mist

Seltsamer Tiergarten
Wenn du fleißig bist wie eine Biene,
stark bist wie ein Bär
und müde wie ein Hund –
so solltest du zum Tierarzt gehen:
Vielleicht bist du ein Kamel!
Der Tierarzt meinte:
So wie du, so waren heut schon viele da!
Bei manchen fanden sich gewisse Höcker,
die ein Kamel so eben hat;
gewisslich mangelts nicht an Spöttern –
doch eben diese waren auch schon da!
Und and're, die sich Rindvieh nannten,
und blöde Gans und dumme Kuh,
als Elefant viel Porzellan zertrampten,
oder als Storch im Salat gar stapften zu!
Genüßlich mampften ein'ge wie die Hamster,
und einer schwitzte wie ein Aff',
und wieder einer wie ein Panther
hat schlangengleich sich durchgerafft.
And're wiederum vergruben sich
wie eine Maus in ihrem Loch,
wogegen jener Sprünge machte
wie ein wilder Ziegenbock;
dort musste einer schuften wie ein Ochs,
die glücklich' Kuh fand dieses paradox;
der störrisch' Esel wollte unbedingt nach Wesel,
die Dummheit, das sei sein Malheur,
er glaubte zwar, der Hammel sei der Blödel,
der schlief doch wie ein Murmeltier;
einer - der kam langsam wie ein Schneck,
dort einer eiskalt wie ein Fisch,
und katzenhaft und spatzenfrech
ist einer noch dem bösen Wolf entwischt.

Spinnefeind, dackelhaft und wieselflink,
krähend, gackernd, schnatternd, Hühner,
Hahn und Gänsen gleich;
bei Nacht war'n alle Katzen grau,
und einer, der stolzierte wie ein Pfau;
ein schmutzig' Ferkelein war auch dabei,
und ebenso ein armes Schwein;
einer fing Grillen schon sein Leben lang,
ein Maulwurf nicht den Ausgang fand;
Maulaffen hielt gar einer feil,
ein andrer lahmte wie ein alter Gaul;
der Faulpelz fand Gerechtigkeit,
weil er mit Fuchsesschläue nutzte seine Zeit;
einer hielt die Löffel steif,
ein Hasenfuß verdrückt sich gleich,
ein dickes Fell hätt' mancher gern;
wie ein Walross schnaufte einer,
aus einer Mücke ward ein Elefant,
der Hornochs' hat sich arg verrannt,
der Angsthase das Hasenpanier ergriff,
sich einigelte und auf alles pfiff;
saumäßig eilig hatte es der komische Kauz,
und einer fiel auf seine ungewasch'ne Schnauz';
die Laus im Pelz war auch schon da,
und leicht und hüpfend kam ein Floh,
der arme Wurm, der krümmte sich fürwahr,
ein Vögelein, das zwitscherte sosolala;
schließlich fraß sich einer voll den Kropf,
derweil ein anderer denselben leert;
der arme Hund, das war ein armer Tropf,
und wie ein Tiger hat sich wer gewehrt;
gefährlich ist's, den Leu zu necken,
und schlafende Hunde soll man niemals wecken!

Nun denn – so stell' ich meine Diagnose:
Der Mensch, benähm' er sich gleich wie besagtes

Wüstentier: (das unentbehrlich mancherorten
und doch soll durch des Nadelöhres Pforten)
In des Herrgotts Tiergarten
bleibt der Mensch der Schöpfung Zier!
Ob wieselflink, ob schneckenkriechend,
die oberen Ränge im Termitenhügel
erreicht er schließlich doch!
Und wüchsen vogelgleich ihm gar noch Flügel,
die Erdwurmperspektive blieb ihm noch!
Das Mittel, sich hindurchzuschlängeln,
wär' tierische Gelassenheit,
und von der Vielfalt-Viecherei das richt'ge Maß,
tierisch' ernst verbleibt die Logik –
und vogelfrei dazu der Spass!

Das war einmal
Morgens zwischen Tag und Dämmer
pfluderts schnatternd henderm Törle;
und wenn's Törle geht dann auf,
drängt sich die Gänseschar zuhauf;
doch flattert sie gleich brav und treu
hinter'n Gansger in die Reih';
der zieht voraus, stolz wie ein Scheich,
als König in seinem Gänsereich!
Den Weg zum Gänsegarten findet er allein,
brav sein Gänseharem hinterdrein ...
in jenen gold'nen Gänsezeiten
wo keiner macht ihm d' Vorfahrt streitig!
Die Kinder keck die Gänse rätzen,
worauf die letz die Schnäbel wetzen!
Die Gäns' verstöffern und verscheuchen,
und rennen, wenn die's Gefieder sträuben!
Aus allen Winkele kommt jetzt im Gänsemarsch spaziert
ein Trüpple Gäns' (die nach den Feiertagen merklich
reduziert)

und gänselike und wohlgesittet
und ungehindert in der Straßen Mitten,
und mit Geschnatter und Geflatter
begeben sie sich hinter's Gatter,
wo Sonnenbank und Wassergraben
laden ein zum Gänspalaver!
Und wird's dann Abend, die Gäns' sie merken es:
Sie steh'n am Gatter, bis sich's löst.
Und 's G'schnatter wirkt ein wenig müd',
wenn's Trüpple wieder heimwärts zieht.

Die Gans, die schöne Adelheid,
sie trug ihr allerschönstes Kleid!
Es war die erste Maiennacht,
kein Mensch im Dorf hat mehr gewacht,
da hielten, wie dies stets der Fall,
die Tiere ihren Frühlingsball!
Die Gans, die schöne Adelheid,
fehlt nie bei solcher Festlichkeit!
Obwohl man sie nach altem Brauch
zu necken pflegt, so heute auch:
„Frau Schnabel", nannte sie der Kater,
„Frau Blattfuß", rief der Ziegenvater.
Doch sie, zwar lächelnd, aber kühl,
hüllt sich in stolzes Selbstgefühl.
Da saß sie denn in edlem Schweigen
allein für sich bei Spiel und Reigen,
bei Freudenlärm und Jubeljux ...
Sieh da – zum Schluss hat auch der Fuchs
sich ungeladen eingeschlängelt,
schlau hat er sich herangedrängelt:
„Ihr Diener", säuselt er galant,
„wie geht's der Schönsten in Brabant?
Ich küss' der gnäd'gen Frau den Fittich,
ist noch ein Tänzchen frei, so bitt' ich ..."
Sie nickt verschämt: „Oh Herr Baron" –

indes da walzen sie auch schon!
Wie trippeln die Füße, wie wippen die Schwänze
beim lustigen Kehraus, beim letzten der Tänze!
Da tönt es vier mit lautem Schlag –
das Fest ist aus, es naht der Tag!
Bald drauf, im frühen Morgenschimmer,
ging Mutter Ursel aus wie immer,
mit Korb und Sichel, um verstohlen
sich etwas fremden Klee zu holen.
Bei einer Hecke bleibt sie steh'n:
„Herrjeh – was ist denn hier gescheh'n?"
„Die Füchse, sag ich, sollt man rädern,
das sind wahrhaftig Gänsefedern!"
Ein frisches Ei liegt dicht daneben –
ich bin so frei, es aufzuheben -
„Ach, armes Tier", sprach sie bewegt,
„dies Ei hast du aus Angst gelegt!"
(Verfasser nicht bekannt)

Von Hund Wutzi berichtet Hanns Winschiers
Wir lebten einige Jahre in Tunesien. Nach einem Einbruch
in unserem Haus beschlossen wir, uns mit einem Wächter
zu versehen. Was war da besser als ein Hund!
So kam Antar, ein Sloughi-Rüde, zu uns. Weil Frauchen
aber dazu noch ein Weibchen wollte, suchten wir nach
einem gleichwertigen Hundemädchen. In einem Dorf im
Hinterland erfuhr einer unserer tunesischen Fahrer, das es
dort junge Sloughis gab. In dieses Dorf durfte aber weder
die Polizei noch ein Ungläubiger. So trafen wir uns mit
dem Dorfältesten außerhalb.
In einem Korb brachte der uns dann den Wurf, gerade
zwei bis drei Wochen alt. Wir guckten interessiert in den
Korb. Da stieg ein Hundemädchen über die anderen hinweg und sah uns keck an. Uns war klar: Die ist es!
Einige Wochen später durften wir das Hundekind dann
abholen und mit nach Hause nehmen. Die Kleine hieß zu

diesem Zeitpunkt noch Sahriha „die Schnelle".
Die Hundemaid wuchs heran und entwickelte sich in kurzer Zeit zu einer munteren Gefährtin für Antar. Sie sorgte stets dafür, dass es uns nicht langweilig wurde. Wenn wir die beiden Hunde mal allein im Haus ließen, waren wir immer gespannt, was sich die Unruhegeister wieder einfallen ließen. Meist sah dann der entsprechende Raum hinterher wie ein Schweinestall aus. Nach einigen Überraschungen dieser Art erhielt Sahriha nun den Namen Wutzi, dem sie bis an ihr Lebensende alle Ehre machte.

Einmal, am ersten Adventssonntag, kamen wir nach einem kurzen Besuch bei Bekannten nach Hause - und was sahen wir da? Wutzi hatte auch Advent gefeiert: Auf dem Boden lag eine zerbissene Adventskerze, die sie aus dem Adventskranz herausgezogen hatte, sämtliche Nüsse waren geknackt, der Inhalt verspeist, die Schalen lagen verstreut auf dem Boden.

Irgendwann erzählten wir unseren Kindern das Märchen von Frau Holle. Wutzi, die aufmerksam gelauscht hatte, wollte auch Frau Holle spielen: Sie zerlegte ein Kopfkissen und verteilte den gesamten Inhalt im Schlafzimmer. Gespannt wartete sie auf unsere Rückkehr und war dann sehr verwundert, dass unsere Reaktion anders ausfiel als von ihr erwartet.

Wutzi war sehr bildungshungrig. So holte sie sich eines Tages aus dem Bücherregal ganz oben das einzige dort stehende Hundebuch und informierte sich gründlich über ihre Artgenossen. Als wir heimkamen, war sie gerade fertig mit dem Lesen, die einzelnen Seiten waren im Raum verteilt und aufgrund Wutzis Wissbegier auch nicht mehr ganz heil.

Einmal kam ihr wohl die Wohnung zu schmucklos vor. Sie kam auf die Idee, das zu ändern. Nachdem sie nichts Besseres fand, mit dem sie das Haus verschönern konnte, rollte sie die Toilettenpapierrolle auf und verteilte das Papier im ganzen Haus. Tunesisches Toilettenpapier war dazu besonders gut geeignet, da es an den perforierten Stellen nur mit Kraft abgerissen werden konnte.

Auch ihre Musikalität kam eines Tages zum Vorschein. Der Direktor des französischen Gymnasiums hatte in Frankreich Flöten besorgt; Flöten waren damals in Tunesien nicht zu bekommen. Unsere Tochter legte ihre Flöte ins oberste Fach des Wandregals, da sie nicht wollte, dass Wutzi auch noch durch Flötenlärm die Nachbarschaft rebellisch machte. Doch Wutzis Drang zur Musikerlaufbahn war so groß, dass sie – wie auch immer – die eigentlich für sie unerreichbare Flöte herunter holte und eifrig musizierte. Leider mit dem Erfolg, dass sie zu unserem Entsetzen das ganze Mundstück zerbissen hatte.

Nicht zu vergessen war auch Wutzis soziales Engagement. Die Kinder spielten öfters mit den „Schlümpfen", die sie von Bekannten bekommen hatten. Wutzi sah, dass alle Leute Teppiche hatten, nur die kleinen Schlümpfe nicht. Da es auch für uns eine Überraschung sein sollte, wartete sie, bis wir mal wieder weg waren, nahm dann ein auf dem Boden ausgebreitetes Ziegenfell und bastelte daraus kleine Schlümpfenteppiche, indem sie das Fell in viele kleine Stücke zerlegte. Die Überraschung war im wahrsten Sinne des Wortes gelungen!

Nicht immer waren wir mit Wutzis Aktivitäten einverstanden und machten ihr auch mal Vorhaltungen. Das aber sah sie ganz und gar nicht ein, sie zeigte uns ihre Meinung deutlich und war sehr nachtragend. Wenn an einem solchen Tag die Familie ins Haus zurück ging, blieb Wutzi einfach unterm Jasminstrauch sitzen, reagierte weder auf Rufen, Bitten oder Schelte. Stellte man sich vor sie hin, drehte sie ihren Kopf beleidigt auf die andere Seite. Alles gute Zureden half nichts, sie verließ den Jasminstrauch um nichts in der Welt. Wir mussten sie schließlich ins Haus tragen. Da dies kein einmaliger Vorgang war, nannten wir den Jasminstrauch sinnigerweise „Wutzis Genierbusch!"

Aber Wutzi hatte auch ein Gefühl von Anstand. So suchte

115

sie sich bei Spaziergängen bei Bedarf immer einen Busch, hinter dem sie verschwand und danach erleichtert wieder auftauchte. Allerdings musste sie uns stets dabei im Auge behalten.

Auf einer Fahrt nach Deutschland mit der Fähre von Tunis nach Genua – die Fahrt dauerte über 24 Stunden – gingen wir mit ihr auf Deck auf und ab – es passierte nichts! Dann auf den italienischen Raststätten wieder keine Büsche – nichts! Endlich eine Raststätte, auf der es Büsche gab: Wutzi und Antar rasten hinter die Büsche und kamen auch zu ihrer und unserer Erleichterung kurz danach freudig bellend zurück!

Zusammen mit Antar hat uns Wutzi bis zuletzt immer in Atem gehalten. Unvergesslich die gemeinsamen Spaziergänge; Sloughis sehen besser als Menschen und jagen auf Sicht. Nur in Zeiten, als Gräser und Ähren höher waren als die beiden Hunde, sahen wir das Jagbare vorher und die Spaziergänge waren geruhsamer.

Unser Sloughi-Pärchen war lange Zeit unsere treue Begleitung. Viel gäbe es da noch zu erzählen. Der Abschied von unseren Gefährten fiel verdammt schwer.

Kleine Wunder

Zuerst dachte ich, da haben mir ein paar Lausbuben zum 1. Mai einen Streich gespielt und mir das Zeitungsrohr mit Moos gefüllt. Ich habe es einfach rausgetan. Aber am nächsten Tag war wieder ein Häufchen Moos im Rohr. Dann fragte ich den Nachbarsbuben, einen kleinen wiefen Kerl. Aber der schüttelte den Kopf, er war es nicht und auch nicht seine Freunde. Jetzt lasse ich das Moos einfach drin! Es sammelt sich zum Riesenknäuel an da hinten, und die Zeitung will auch nicht mehr reinpassen.

Am folgenden Sonntag nehme ich dann den ganzen Knäuel raus. Aber was ist denn das? Im hinteren Teil des Mooshäufchens ist ein wohlausgeformtes Nestlein, mit zarten Fläumchen obenauf. Da endlich kapiere ich! Aber liebes Vögelein, da im Zeitungsrohr kannst du doch unmöglich brüten! Das kleine Nest setze ich in die Hecke, aber dort will es offenbar kein Vogel mehr. Es tut mir entsetzlich leid. Was habe ich da getan? Dem Vögelein seine Brutstätte genommen?

Das aber gibt nicht auf. Fängt ein neues Nestlein an in meinem Zeitungsrohr, trägt treu und brav Moos hinein und lässt sich nicht beirren.

Am Donnerstag ist zwar noch ganz wenig Moos drin, aber darauf liegt ein winziges weißschimmerndes Etwas – ein Vogelei!

Nach wie vor steckt der Austräger die Zeitung ins Rohr, ich nehme sie immer gleich raus. Komm nur, kleines Vögelein, ich will ja nicht, dass dir etwas zustößt!

Der Vogel, ein Rotschwänzle, betrachtet mein Tun ganz zutraulich vom Gartenzaun aus, wiegt sein Köpflein, als wolle er mir sagen, ich vertrau dir, und trägt unbeirrt sein Nestmaterial in mein Zeitungsrohr. Die Vogeleier sehe ich vor lauter Moos nicht mehr. Ob es inzwischen mehr geworden sind? Noch ist alles still da hinten.

Bleib nur da, liebe Vogelmama, lehrst mich Beharrlichkeit!

Dann ist Pfingstsonntag, meine Lieben kommen alle.

„Guckt nur, was ich da hinten habe!" Wir gucken hinein und halten das Ohr an die Öffnung, und da piepst es doch ganz zaghaft, drei winzige Wesen strecken ihre hungrigen Schnäbel in die Höhe!

Mama Rotschwänzle lässt sich nicht beirren, flattert aufgeregt zu ihrem Wochenbett, zum Zaun und Baum und wieder zurück, im Schnabel Futter für die Jungen, kümmert sich weder um mich noch um meine Umgebung.

Aber dann am Dienstag sehe ich die Vogelmama nicht mehr, es ist ganz still da draußen, nur aus dem Rohr kommen hungrige Piepser. Wo bist du nur, mein Vögelein? Wird dich doch nicht die Katz geholt haben? Lieber Gott, bitte lass das nicht zu ...

Am andern Tag sehe ich dann mein Rotschwänzle wieder vom Hauseingang wegflattern. Ich halte die Luft an, verhalte mich ganz leise. Die Vogelmama ist also noch da, fleißig und beschäftigt, Futter zu holen für die hungrigen Schnäbelein.

Am Freitagmorgen ist es wieder still da hinten im Rohr. Die werden doch nicht ...? Aber als ich die Zeitung rausnehme, ist darauf etwas Feuchtes, Glitschiges, das können unmöglich die Jungen da hinten draufgesetzt haben, das muss die Vogelmama gewesen sein, also war sie da. Noch nie im Leben habe ich mich über ein Häufchen Vogeldreck so gefreut!

Auch die kleine Mama sehe ich wieder, piepsend flattert sie herzu. Die Jungen zwitschern und sperren die Schnäblein auf. Die Zeitung im Rohr ist wohl auch so etwas wie ein Schutz vor fremden Eindringlingen.

Am Sonntagmorgen schellt das Telefon. Die Nachbarin ist es:

„Entschuldige nur, aber meine Kinder beobachten das Rotschwänzle, es will in das Rohr und kann nicht rein wegen der Zeitung!"

118

Die nehme ich ganz schnell raus, schreibe einen Zettel: „Bitte Zeitung ab sofort auf die Treppe legen!" Rufe beim Austräger an und sage ihm Bescheid.

Aus meiner Kinderstube kommt inzwischen zum hungrigen Piepsen ein unmissverständlicher „Lebendgeruch", sind wohl kleine Stinktiere da hinten! Für mich aber ist das heute ein eher wunderbarer Duft.

Samstag, 17. Juni:

Im Rohr hocken startbereit hintereinander drei kleine schwarze Monster und starren mich an. „Macht, dass ihr zurückgeht, ihr könnt' doch noch nicht fliegen!" Krächzend machen sie kehrt. Das Rohr klebe ich halbhoch mit Klebeband zu, damit die Vogelkinderlein nicht herausfallen können, die Mama aber rein kann.

Am Sonntagmorgen das gleiche Bild: Drei kleine Ungeheuer im Rohr, die piepsende Mama am Zaun, lockt und ruft. Vogelsprache müsste man kennen! Ich lasse sie jetzt besser allein, sonst mache ich am Ende noch alles kaputt.

Als ich am Abend nach meiner Vogelfamilie sehen will, ist das Nest leer, die Jungen ausgeflogen. Ein kleines schwarzes flaumiges Knäuel hockt piepsend in der Hausecke, flattert, als es mich gewahr wird, in die Höhe und zu mir her, grad neben das Nest im Rohr, bleibt dort ein wenig sitzen; wiegt das Köpflein, als wolle es Dankeschön sagen für seine Heimstatt bei mir, hebt dann die winzigen Flügelein und flattert unbeholfen davon ins Weite.

Ich gucke ins Nest: Es ist ganz still im Zeitungsrohr, nur stinken tut's noch.

Meine Vogelkinder sind flügge geworden. Ich höre und sehe nichts mehr von ihnen und auch nicht von ihrer Mama, dem kleinen Rotschwänzle.

Vom Baum her zwitscherts und jubilierts, die Spatzen kommen wie immer lärmend auf die Terrasse, meine Vogelkinder kann ich nur noch erahnen ...

Es war im folgenden Sommer, als es im Treppenhaus aufgeregt flattert, und als ich nachschaue, finde ich ein

Rotschwänzle, das hüpft und piepst und einen Ausweg sucht. Ich mache schnell die Tür auf und befreit flattert das Vögelein davon in den Tag. Nachdenklich schaue ich ihm nach. Ob es vielleicht eines meiner Vogelkinder vom letzten Jahr war ...?

Erinnerungen

Angefangen mit der Viecherei hat das ja schon im Kleinkindesalter, und unsere drei Mädchen machten da sicher keine Ausnahme. Auch im Rumtoben standen sie den Buben in nichts nach.

Musste einst der Mecki, der Fiffi oder die Susi mit ins Bettchen, so waren es bei den Enkelbuben Dinos, Saurier und utopische Weltraumungeheuer, die das Hochbett belagerten, kaum dass der Herr dieser Menagerie sein müdes Haupt noch daneben betten konnte. Ums Bett ringelte sich die glotzäugige Schlange, ein Plüschmäuschen streckte keck sein Schwänzchen unter der Bettdecke hervor.

Im Laufe des Größerwerdens machten die Kuscheltiere dann den Straßengefährten Platz, den Rollern und Tretmobilen. Der hölzerne Reitergaul fristete ein ödes Dasein und musste bald beweglicheren Spielgefährten weichen. Aus dem großherzigen Wunsch, einem Pferd, einem Kamel oder gar einem Elefanten eine Heimstatt zu geben, wurden schließlich bescheidenere, weniger Platz beanspruchende Gesellen. Niedliche kleine hellbraun gefleckte Wesen, Mäuslein ähnlich, die rasch heimisch wurden und einem ans Herz wuchsen.

Da die besitzergreifenden Fernsehabende noch nicht Einzug gehalten hatten in die Wohnzimmer, hatten die Hamsterkinder ein aufmerksames Publikum, wenn sie an ihrem Hamsterrad zu immer neuem Anlauf ansetzten, oder Körner und Nüsse, mit Vorliebe auch Tempotaschentücher in ihre Hamsterbacken stopften, um dieses Futter dann in einer langen Schnur wieder herauszuwürgen.

Als dann die epochemachende „Kistenmöbelmode" auf-
kam und es „in" war, die Bettgestelle abzuschaffen und
ein Matratzenlager als Lagerstatt zu benützen, fanden sich
bald die Ecken zernagt und ausgefranst, die Hamsterlein
hockten selbstzufrieden in der Wolle. Öfters suchten wir
auch so einen Ausreißer in Ritzen und Winkeln.
Im Laufe der Hamsterepoche stand so manches Mal der
Käfig mit einem leblosen Wesen im Hausflur. Das Tier
beerdigen war meine Sache. Die Kinder machten ein
Kreuz aus Steinen und Zweigen aufs Hamstergrab und
liefen tagelang mit verheulten Augen umher.
Wenn wir wegfuhren, durfte die Oma das „Ziefer" hüten.
Schweren Herzens gaben die Kinder ihre Lieblinge in
Pflege. Die Oma traute aber „der Maus" nicht so recht. Sie
stellte den Käfig in sicherer Entfernung auf; sein Futter
kriegte das Pflegekind durch die Dachluke, die daraufhin
gleich wieder geschlossen wurde. Obenauf kam noch ein
Ziegelstein, damit „die Maus" ja nicht entwischen konnte.
Nach so einem Urlaub duftete der Käfig dann nicht mehr
stubenrein, und das Tierlein war sichtlich erleichtert, seine
gewohnte Auslaufstrecke wieder zu haben.
Oma hütete einst „die Maus", und ich darf jetzt die Katz
hüten. Ob die Mäuse fängt oder gefangen hat in ihrem
bisherigen Dasein, weiß ich nicht, die „Tolstoi" ist eine
Hauskatze und pflegt nicht herumzustrolchen. Habe sie
auch kaum zu Gesicht bekommen in ihrer Ferienzeit, den
ganzen Tag hat sie sich unsichtbar gemacht; nur wenn sie
Hunger hatte und am Abend tauchte sie auf und machte
sich mit einem zaghaften „Miau" bemerkbar. Aber dann,
als sie wieder abgeholt wurde, wollte sie sich nicht einfan-
gen lassen, hatte wohl Gefallen gefunden an ihrem Ferien-
domizil und meiner Betreuung.
Schließlich war es Judy, ein goldbraunes Hamsterkind, das
damals die Dynastie der Goldhamster in unserem Hause
beschloss und das Zeitalter der Katzen einleitete.

Judy

Kurz vor Weihnachten waren wir ins neue Haus umgezogen. Mit Kind und Kegel, Kisten und Kasten, mit Kater Mops und Goldhamster Judy. Während Kater Mops nach mehrmaligem Ausbleiben endlich seinen Stall wieder gefunden hatte, suchten die Kinder den Goldhamster eines Abends vergeblich; das Türchen zum Käfig war wohl offen geblieben und Judy war auf Endeckungsreise gegangen.

Tagelang suchten wir nach Judy das ganze Haus ab, ohne Erfolg. Judy blieb verschwunden. Doch schien es uns unmöglich, dass sie den oberen Stock des Hauses verlassen hatte. Dieses kleine Tierchen, wie sollte es bloß da runter gekommen sein?

Es gab Kummer und Tränen, Weihnachten rückte näher. Lustlos wurde der Baum geschmückt am Heiligen Abend, ohne rechte Weihnachtsfreude legten die Kinder ihre Geschenke darunter. Zusammen waren wir wie immer in der Kirche gewesen. Kurz vor der Bescherung begab sich Vater in den Keller, um einen Wein vom Regal zu holen. Prüfend glitten seine Augen an den Weinflaschen vorbei – und blieben plötzlich an etwas Goldbraunem hängen. Es sah wie ein kleiner Wollknäuel aus. Er griff schließlich danach, es fühlte sich weich und warm an und schien sich zu bewegen. Vater stutzte, rief nach den Kindern. „Judy!" riefen alle drei wie aus einem Munde. „Judy, oh Judy ...!"

Das Hamsterle lebte. Es hatte wohl bei seinem Spaziergang den Heimweg nicht mehr gefunden und war ins Treppenhaus gepurzelt.

Aber jetzt hatte Judy ihren Ausflug heil überstanden und turnte wieder fröhlich am Hamsterrad.

Alle Geschenke an diesem Heiligen Abend waren angesichts der wunderbaren Errettung von unserem Hamsterkind zweitrangig.

Goldhamster Judy ist sehr alt geworden. Sie ist später noch öfters ausgerissen. Einmal entdeckte ich sie in den Eingeweiden meiner Nähmaschine. Als dann Judy im gesegneten Hamsteralter von uns ging, wurde sie feierlich im Garten bestattet.

Der Katzenkinder gab es viele

Die Tierliebe muss sich herumgesprochen haben, zu meinem Leidwesen. Oft unterließen es die Vierbeiner, ihre Notdurft draußen zu verrichten, und in so einen Katzendreck zu tappen ist bestimmt kein Vergnügen. Ich tat gut daran, ihnen schon an der Haustüre den Eintritt zu verwehren. Aber da hatte ich mit den Katzen eigenen Gepflogenheiten nicht gerechnet. Besonders in den lauen Frühlingsnächten, wenn es draußen so betörend duftete und die liebeskranken Katerlein ihre Minnelieder miauten, die sich anhörten, als klagten Kindlein ihre Rabeneltern an, sahen die flauschigen Gesellen ihre Zeit gekommen, uns ihre Aufwartung zu machen.

Früher pflegten manche Leute Baldriantropfen auf des Nachbars Staffel zu tröpfeln, wenn sie ihn ärgern wollten. Aber das weiß ich nur vom Hörensagen, und solche Nachbarn, denen man auf diese Katerweise minnesingen muss, hatten wir nie.

Einmal schleppten die Kinder eine Kiste in den Keller und taten sehr geheimnisvoll damit. Der Inhalt entpuppte sich als ein niedliches Kätzchen. Notgedrungen blieb es da. Aber trotz liebevoller Bewachung war Pussy kurze Zeit später wieder verschwunden. Wochenlang suchten wir vergeblich nach ihr. Insgeheim hegte ich die Hoffnung, dass das Kätzlein wieder an seinen ursprünglichen Ort zurück gefunden hatte.

Kater Mops bekamen wir als winziges Möpschen, das sich dann zum großen wilden Kater auswuchs. Am Anfang jedoch ließ sich der Mops alles gefallen und gehörte bald als viertes Kind zur Familie.

123

In der zweiten Klasse gab es dann praktischen Anschauungsunterricht, wozu die Kinder ihre Vierbeiner mit in die
Schule bringen durften.
Bereits am Vorabend wurde Kater Mops in eine Kiste
gesperrt, damit er nicht entwischen konnte. Am anderen
Morgen dann großer Umtrieb und Fütterung für den wich-
tigen Tag. Mir erklärten die Zwillinge: „Der Mops hat
schon g'fressen – und wir auch!"
Der Mops kam in einen Korb, wo er gerade noch den Kopf
rausstrecken konnte, und wurde gut festgehalten ins Klas-
senzimmer transportiert. Er soll sich dort sehr geistreich
verhalten haben. Als Belohnung durfte er dann mit zum
Lerngang in den Heidewald, was ihn so sehr beeindruckte,
dass er heimwärts getragen werden musste. Vielleicht hat
der Mops das, schlau wie er war, auch bloß ausgenützt.
Kater Mops entwickelte sich zum wilden Katzen-
Schürzenjäger. Er blieb oft tagelang weg, um dann zerzaust und ausgehungert wieder aufzutauchen. Eines Tages
blieb er für immer verschwunden.

Die Minka lief uns zu, ganz mager und zerzaust. Von den Kindern wurde sie sorgsam aufgepäppelt. Sie blieb aber schwächlich und war nicht sehr lebenslustig.

Katerchen Pusser hockte eines Tages als miauendes Häufchen Elend am Kelleraufgang. Die Katzenfamilie war aus dem Rohbau nebenan verjagt worden. Später hörten wir, dass Pussers Geschwister in der Nachbarschaft Unterkunft gefunden hatten.

So hatten wir nun zwei Katzenkinder, die Minka und den Pusser. Als Lieblingsplatz suchten sie sich unser Sofa aus. „Macht Platz!", forderte Vater die auf seinem Ruhesitz thronenden Hausgenossen an, die aber nur widerwillig zur Seite rückten. Und so fand man sie denn des öfteren einträchtig beieinander, Tier- und Menschenkinder. Sie empfingen einen beim Heimkommen freudig miauend, jemand war da, der wartete und einen brauchte.

Einiges an Materiellem fiel dem Getier zum Opfer, ganz zu schweigen von den vielen Putzeten. Und so manches Mal hörte ich es hinter der Kellertüre kläglich miauen. „Geh' heim, man sucht dich ..." Und tatsächlich suchte die Nachbarin öfters nach ihrer Katz.

Die kranke Minka gab bald den Geist auf. Sie lag eines Tages stumm und steif vor der Türe. Entsetzt waren die Kinder weggerannt. Es verblieb wieder einmal mir, das entschlafene Katzenkind zu begraben. Ein Steinkreuz zierte seinen letzten Ruheplatz im Garten. Und bald zwit-

125

scherten die Vöglein darüber und eine Amsel pickte eifrig Würmer aus der aufgebrochenen Erde. Manchmal flog ein Vogel im allzu hastigen Flug gegen die Fensterscheibe, flog nach kurzer Zeit des Benommenseins wieder weiter, oder auch nicht, und fand wohl sein Grab neben der Katz, die ihm im Leben zuvor seine Nester ausgehoben hatte. Auch Pusser trauerte wochenlang um seine Gefährtin.

Kater Pusser begleitete uns über neun Jahre hinweg. Eines Tages aber war auch er auf Nimmerwiedersehen verschwunden.

Plagegeister

Im Jahr 1961 bekamen wir Besuch aus Amerika. An und für sich nichts Besonderes heutzutage, wo man schneller mit dem Flugzeug in Amerika ist, als mit dem Auto an der Nordsee. Damals aber ging die Reise noch mit dem Schiff, und das brauchte immerhin noch eine runde Woche. Zeit genug, um winzigen Lebewesen Gelegenheit zu geben, ihre Plagen auszubrüten. Drüben in Amerika waren die „German Measels", die Masern, mit deutscher Gründlichkeit umgegangen und hatten sich auch ins Reisegepäck unserer Amerikaner eingenistet.

Auf dem Schiff wurde es den Weltenbummlern infolge Wellengangs dann recht übel und die Masern hätten beim Kojehüten gleich mithalten können, aber nein – diese heimtückischen Viecher hielten sich zurück, bis man bei den Großeltern im heimatlichen Stübchen war. Da allerdings packten sie aus und befielen mit aller Hinterhältigkeit die drei und sechs Jahre alten Amerikanerinnen. Aus den Betten im ehemaligen Kinderzimmer der Mutter guckten zwei fiebrig glänzende rotgesprenkelte Gesichtchen auf eine erschrockene Oma, die unversehens in die Kinderkrankheiten ihrer eigenen Kinder zurückversetzt wurde.

Aber alles hat seine zwei Seiten, und so wurden aufgrund der „Roten Flecken" und der damit verbundenen Bettzeit die Ferien verlängert, wovon in den folgenden Wochen die ganze Familie profitierte. Oma und Opa lernten Amerikanisch, dass ihre kleinen Enkelinnen nach „Grandma" und „Grandpa" riefen und ein „Tingle" und einen „Pubber" machen mussten. Auch unsere kleine Tochter krähte bald nach der „Granny" und der „Mammy".

Große Freude herrschte in der Nachbarschaft, wenn die kleinen Mädchen durch Stall und Scheuer tollten, wo immerhin noch Gelegenheit bestand, Rindviecher und Schweine in Lebensgröße zu betrachten und Hühner und Gigger auf dem Mist schärren zu sehen. Einmal jedoch kamen sie gerade dazu, wie der Nachbar einen Gigger um einen Kopf kürzer machte. Da rannte doch der so gepeinigte Hahn danach noch ohne Kopf im Hof umher! Diese schaudernde Erinnerung ist bis heute haften geblieben. Und gerne erzählen die längst erwachsenen Enkel auch, wie ihnen die Oma einst auftrug, aus der Zeitung von gestern „Serviettle" fürs Plumpsklo zuzuschneiden.

Nachbars vierzehnjähriger Heinz durfte Kindsmagd spielen, was er mit großer Begeisterung tat. Und so beglückten die beiden lebhaften kleinen Mädchen ihren Betreuer mit täglichem Besuch und dehnten diesen auch gern auf die Weinbergarbeit aus. Dazu transportierte der Heinz seine Mitarbeiterinnen auf dem Fahrrad, und im Wengert wurde ihm eifrige Hilfe beim Felgen und Ausbrechen zuteil. Im Eifer des Gefechts passierte dann eben manchmal ein kleines Malheur und es ging was ins Höschen. Das aber brachte den Heinz niemals aus der Fassung. Er wusch Popo samt Höschen in dem im Bassin angesammelten Regenwasser und hängte die Wäsche zum Trocknen an einen Wengertpfahl. Und die liebe Sonne machte alles wieder heil.

Dem Nachbarsopa wurde das Treiben manchmal doch zu bunt und er bruddelte vernehmlich vor sich hin, was aber die kleinen Amerikanerinnen gar nicht störte: „Der kann uns doch gar nicht hören, der hat doch keine Zähne mehr!"

Es wurde ein grandioser Sommer, der unvergesslich ins Bilderbuch der Erinnerungen eingegangen ist.

Seit jener Zeit scheint die ländliche Kinderwelt aus den Angeln gehoben zu sein.

Da sitz ich mit dem Enkel auf dem Schoß und deute auf das buntgefleckte Rindvieh im Bilderbuch: „Was ist das?"

„Hund", kommt prompt die Antwort. Das Kälbchen daneben ist ein „kleiner Hund", der Ochs ein Pferd, und Gänse, Enten und Hühner sind allesamt eben Hühner und die kleinen Bibberle Vögelein.

Aufgescheucht ob solchem Unverstand frage ich im Bauernhof nach, ob wir nicht zwecks Anschauungsunterricht in den Kuhstall kommen dürften?

„Da musst du dich aber beeilen, demnächst schaff' ich die Rindviecher ab!"

Und so kommt halt die Milch von den „lila Kühen auf blumiger Wiese", und das grunzende Schweinchen fungiert höchstens noch als blaues oder rotes Sparschwein.

Auch der Weihnachtsmann und das Christkind wie auch der Osterhase sind zeitgemäße praktische Gesellen geworden. Doch - die bunten Ostereier, die darf weiterhin der Osterhase legen. Und nach wie vor strahlen Kinderaugen beim Anblick des Lichterbaumes und solcher Wunder aus dem Kinderparadies.

Die heimtückischen Plagegeister geisterten auch durch unsere Kinderstube und bescherten uns ausgeprägte Rotzelzeiten und ungeliebten Stubenarrest. Natürlich kriegten auch unsere Kinder die Masern, Keuchhusten und Röteln und Mumps und was sonst noch einem das Dasein schwer machen kann. Aber immer wieder wurde es wieder gut, dank Doktor und der Medizin.

Lange hatten die Zwillinge nicht geimpft werden können, weil immer wieder eine Rotznase dazwischen funkte. Aber jetzt endlich sollte es klappen. Da saß ich nun beim Onkel Doktor auf dem Stuhl, hüben und drüben ein Kind, das dritte in der Mitte. Der Doktor saß hinter dem Schreibtisch und vermerkte die Wichtigkeiten. Er guckte mich prüfend durch seine Brillengläser an und fragte ernsthaft: „Sie arbeiten nicht?" Ich schluckte. „N-nein", brachte ich schließlich heraus. Ich ging ja auch nicht arbeiten, was man so landläufig unter „schaffen" versteht. Beide mussten wir dann herzlich lachen, als uns der Widersinn dieser Aussage bewusst wurde.

Sehr kritisch wurde es dann, als die Kinder Mumps hatten. Den nannte man früher „Wochendippel", wohl weil er eine Woche dauerte und man einen dicken Backen kriegte. Soweit hatten die Kinder den Mumps gut überstanden, aber bei Sabinchen wollte das Fieber einfach nicht weichen. Der Doktor beorderte das Kind ins Krankenhaus, wo es schließlich auch besser wurde. Aber nach vier Tagen erhielten wir einen Anruf:

„Holt bloß euer Kind wieder ab, das verhungert uns sonst noch!"

Ihres anderen Zwillings beraubt, hatte das Kind einfach die Nahrung verweigert. Vielleicht hatte das ja auch die krankmachenden Viren vertrieben. Schlimmes hatten sie im Krankenhaus nicht gefunden, nur einen Wurm, der dann bei entsprechender Kur schleunigst seinen Gastgeber verließ.

Öfters spielten sie auch Doktorles. Sabinchen streichelte und wiegte ihr Püppchen und jammerte: „Ach - mein Kind ist so krank ...!"

„Ja, was hat denn dein Kind?"

„Ach – das hat Blinddarm ... an alle beide ...!"

Das Jahr der Schnecken

Es war ein recht feuchter Sommer in diesem Jahr. Die Schnecken tummelten sich überall.

Nicht die roten und schwarzen Biester waren es, die heutzutage alles kahlfressen und denen man nicht mehr Herr wird, nein, es waren die Weinbergschnecken, die ihr Häuschen auf dem Rücken trugen und sich zurückzogen, wenn sie fremden Zugriff verspürten. Sie waren eher harmlose Zeitgenossen.

In jenem Jahr aber nahmen sie sehr überhand.

In Eimerchen und Schürzchen sammelten die Kinder das Rutschgetier, das sich dann im Zimmer langsam aber sicher seines unfreiwilligen Gefängnisses zu entledigen suchte. Schnecken, Schnecken – wohin ich auch sah! Kleine, große, halb dem Haus entschlüpfte oder in sich verkrochene. Ich fand sie beim Bettenmachen, in den Sesseln, in Küche und Bad. Wollte ich das Vesperbrot ins Kindertäschle packen, musste ich zuerst so einem eingesperrten Schneck zur Freiheit verhelfen. Die eingesammelten Schnecken wurden nach Größe sortiert und mittels Kitzeln an den platten Stellen genau untersucht; was den Hausbesitzern nicht gefiel und sie sich rasch einhausten.

„Das darfst aber nicht tun, da weint der Schneck doch!"

Solches und anderes unvernünftiges Zeug sagten wohl die Erwachsenen. Hat man denn je einen Schneck weinen oder lachen sehen? Aber sie wussten es eben auch nicht besser.

Den allerschönsten Schneck kriegte ich zum Geburtstag. „Für dich", sagten sie und überreichten mir freudestrahlend das weiße glitschige Gebilde. „Und der Gattung schönstes Exemplar thront auf dem Geburtstagstisch sogar!"

In einem sehr strengen Winter brachten sie zwei kleine Igel ins Haus. Die hätten noch nicht das entsprechende Gewicht, um den Winter zu überleben. Das hatten sie gerade in der Schule gelernt. Also wurde ein guter Platz gesucht und auch in den Kellerfensterschächten gefunden. Dahinein kamen die Igelkinder, samt reichlich Wintervorrat. Sie haben den Winter wohlbehalten überstanden. Im Frühjahr nahmen die Kinder schweren Herzens Abschied von ihren Pfleglingen und setzten sie draußen am Bach aus.

Im letzten Sommer war es, als ich in der Nacht immer wieder ein scharrendes Geräusch vernahm, es klang wie Schnarchen. Aber das konnte doch nicht sein, so laut schnarchte kein Mensch, dass man es bis zu mir her hörte. Eines Nachts fasste ich mir ein Herz und schaute nach – es war ein ausgewachsener stacheliger Igel, der immer zur gleichen Zeit seine Runden durch meinen Garten drehte. Ich gewöhnte mich an den nächtlichen Gast. Und dann hörte es plötzlich auf, das gewohnte Schnarchen verstummte. Meinen Igel fand ich anderntags tot und starr im Garten. Dort ist nun auch sein Grab.

Schnupfenzeit

Es schnieft und trieft die Nas',
und das ist gar nicht mehr zum Spass!
Die Nase läuft, vom Tempo ist man wund
und tut's mit „Hatschi" allen kund.
Nach Riesentaschentüchern geht das Trachten –
ein Nasensäckle frei nach Wilhelm Busch
wär' auch nicht zu verachten -
man ringt um Luft und schnupft und schnieft,
den Kopf zerreißt es einem schier ...
Die Taschentücher sind schon wieder voll –
ein Bettuch wär' das Richt'ge wohl!
Man schmeckt und riecht nichts mehr mit seiner Nas'-
(was man ja auch nicht braucht als Schwab') -
doch ist dieses jetzo gleich:
Ob schmecken, riechen – die Nas' erweicht's!
Und auch der Teller wird nicht leer -
was nur der Linie gereicht zur Ehr ...
Mit Schnupfen, Schniefen wird der Tag zur Last,
verquollen sind die Augen, tränend nass!
Es scheint, man wird jetzt auch noch taub -
die Schnupfenviren treiben im Gehörgang Raub!
Zuweilen schmeißt man alles hin
und schneuzt ergeben vor sich hin.
Die Schnupfenviecher scheinen das zu loben
und fangen schleunigst an zu toben:
Sie machen schnell aus dieser Nas'
einen glänzend roten Tummelplatz!
Entfremden gar das Riechorgan
zu einer feuchten Rotzelbahn!
Ich geb's auf, ich geh' zu Bett!
Doch das, das finden die erst richtig nett!
Sie spielen auf zum Schnupfenball,
wozu man schneuzend gibt den Schall.
Von Schlafen ist gar keine Rede,

man hockt im Bett und kämpft um Luft zur Fete ...
Mit Vick-WapuRub und Chinaöl,
mit Tee und Tropfen und mit Kräutergel,
mit Oma's altbewährter Non-Chemie
und mit moderner Therapie ...
Dazu noch seinen eig'nen Senf -
und mit „Gesundheit!" wacker kämpft!
Doch auch mit Doktors Hilf' und gutem Rat:
Es dauert seine vierzehn Tag'!
Auch ohne Doktor schniefte man
früher schon zwei Wochen lang!
Also nehm' gelassen nur
die unfreiwillig' Fastenkur!

Philipp

Ob Philipp ein „er" war, kriegten wir nie so ganz raus, da
er aber alleiniger Vogel im Hause war, war das ja auch
nicht so wichtig.
Nach dem Katzenzeitalter war der gelbgrün gefiederte
Wellensittich zu uns gekommen. "Dass ebber mit dir
schwätzt ...!" Und Vogel Philipp schwätzte bald mit allen,
plapperte mit lustigem und auch ärgerlichem Gebrumm
aus seinem gelben Kehlkopf und verdrehte dabei seine
listigen Knopfäuglein. Er schien eine ganze Menge in
seinem winzigen Vogelhirn zu speichern. Das ganze Wesen wog bestimmt keine fünfzig Gramm.
Bald konnte Philipp seinen Namen sagen und den seiner
Hausgenossen dazu. „Philipp Häusser Frechdachs"-
„kommsch du" - „was isch los" – schnurrte er und sein
Kehlkopf grummelte aufgeregt. Die Namen der Kinder
kamen wie aus der Pistole geschossen. Nur des Vaters
Namen war ihm nicht beizubringen, so sehr wir auch mit
ihm übten. Dann schimpfte er in kehligen Lauten, hüpfte
auf sein Stängelein und wiegte das Köpfchen, als wolle er
sagen: „Nein - jetzt langts!"
Philipp hatte seine Grundsätze. Sobald sich am Morgen im

Haus etwas regte, begann er unruhig zu werden und zu piepsen, konnte es nicht erwarten, bis sein Türchen geöffnet wurde. Dann flatterte er heraus, hüpfte mir auf die Schulter, pfiff mir ins Ohr und hüpfte weiter zu Vater, um ihn ins Ohrläppchen zu picken, bevor er seine Begrüßungsrunde weiterdrehte und sich zu seinem Kumpel im Garderobenspiegel aufmachte. Hatte er genug vom Konterfei-Spiegelkameraden, flatterte er zurück in seinen Käfig, wo er sich im kleinen Spieglein eifrig schäkernd betrachtete. Seinen ihm von wohlmeinenden Menschen geschenkten Plastikkumpel strafte er mit Verachtung.

Gerne sauste er durch die Wohnung. Im Tiefflug durch die Türen, vorwiegend ins Badezimmer, wo er sich in den Wasserhähnen auch betrachten konnte. Oder er hockte auf der Küchentüre und besah sich seine Pappenheimer von oben, von wo dann auch bald abfällige Sächelchen kamen.

Wir machten uns diese Vogelausflüge zunutze, indem wir Philipp während den Mahlzeiten ins Badezimmer sperrten, um seine Häufchen nicht auch noch im Suppenteller zu finden.

Papier, Zeitungen, Briefe – das beäugte und bepickte unser niedlicher Hausgenosse mit Vorliebe und man tat diese Dinge besser aus seinem Revier. Die Blätter in den Blumentöpfen wiesen bald sägeblattähnliche Konturen auf. Schimpfte man mit dem Missetäter, bruddelte er beleidigt in seinen Kehlkopf und zog sich in seinen Käfig zurück.

Oft suchten wir ihn in der Dämmerung und hatten Angst, dass er uns entwischt sein könnte. Fenster und Türen auch nur einen Spalt offen zu lassen, konnte gefährlich werden. „Philipp, wo bist du bloß?" Ganz erleichtert waren wir, wenn es aus dem Bücherregal oder vom Vorhang her piepste, wo er sich angstvoll festgekrallt hatte. Ganz brav begab er sich dann in seinen Käfig und pickte seine Körner.

Mit Vorliebe ging Philipp mit aufs Klo, dort gab es ja auch einen Spiegelkumpel. Wollte man ihn aber wieder heraus haben, brauchte man nur mit der blauen Klorollenmütze zu winken, und schon nahm er Reißaus. Wenn er mit mir in den Keller ging, blieb er stumm auf meiner Schulter sitzen, bis wir wieder in bekannteren Gefilden waren. Eifrig war Philipp bemüht, unsere Besucher zu begrüßen, wozu er schleunigst auf deren Köpfe flatterte, was ihm aber öfters einen energischen Platzverweis eintrug. Manchmal kam Artgenosse „Tiger" zu Besuch. Die beiden schnäbelten dann um die Wette. Es schien aber, dass unser Philipp nicht sehr traurig war, wenn er sein Reich wieder für sich hatte und den Konkurrenten los war.

Wenn es warm war, hängte ich ihm manchmal seine Vogel-Badewanne in den Bauer und nahm ihn mit ins Freie. Plusternd und um sich spritzend stelzte er dann durch sein Badezimmer und war am Ende plitschnass. „Aber drin bleiben musst du, sonst holt dich am End' noch die Katz!" Das schien er zu begreifen, folgsam hockte er auf seiner Schaukel. Zu seiner eigenen Sicherheit nahmen wir ihn oft in Schutzhaft. Fürsorglich sperrten ihn die Töchter ins Zimmer und drehten für alle Fälle auch noch den Schlüssel von außen um. Wenn es dunkel wurde, wollte Philipp eingetan werden. „Komm, Philipp, jetzt gehst ins Bett!" Und brav hüpfte er auf seine Schaukel, steckte den Kopf zwischen die Flügel und wiegte sich in den Schlummer. Den Vogelbauer wollte er zugedeckt haben. War er einmal nicht reinzukriegen gewesen vor dem Dunkelwerden, so klebte er anschließend ziemlich benommen am Gitter und schien heilfroh, wenn man ihm zu seiner Behausung verhalf.

Im ersten Jahr drohte unser Philipp krank zu werden und die Kinder trugen ihn besorgt zum Tierarzt, der aber nichts weiter als die naturbedingte Mauser konstatierte. Da hockte er dann lustlos im Käfig und reagierte auf teilnahmsvollen Zuspruch nur mit einem ärgerlichen Gebrummel. Oft dachte ich in diesen Tagen, dass ich das Tierlein am Abend nicht lebend wiederfinden würde. Auch jetzt hatte sich Philipp in der Mauser befunden, am Morgen war sein Ställchen voll mit gelbem Flaum gewesen. Das Vögelein machte einen zerfledderten und kläglichen Eindruck. Auf halbem Weg zu seinem Spielkameraden im Garderobenspiegel ereilte ihn sein Schicksal. Es tat einen matten, dumpfen Schlag, von einer Sekunde auf die andere hörte das Piepsen auf. Da lag unser Philipp, ein kleiner gelber Fleck auf dem Boden, das erstickte Geplapper im offenen Schnäbelein. Unser lieber Hausgenosse Philipp war von uns gegangen. Neun Jahre alt war er geworden.

Wastl

Den Wastl, einen Bobtail-Terrier, hatten sie aus dem Tierheim geholt, wohin ihn barmherzige Autofahrer gebracht hatten, die ihn völlig verwahrlost am Rastplatz angekettet an einer Parkbank gefunden hatten. Er war verschreckt und eingeschüchtert am Anfang und brauchte lange, um den Schock zu überwinden. Panische Angst schien er vor einem Stock zu haben. Als sich einmal ein Ball unter dem Schrank verirrte und sein Frauchen einen Besen holte, um den Ball hervorzuholen, fuhr ihr der Wastl mit hastigem Biss an die Hand. Anschließend aber war er sehr verwirrt und leckte bittend Frauchens Hände. Wastl war sehr gelehrig und merkte schnell, dass es ihm jetzt gut ging. Eigentlich war er ein fröhlicher Hund. Knitz guckte er mit seinen runden Kulleraugen unter seinen Wuschelhaaren hervor und betrachtete interessiert seine Umgebung.

Seine Dankbarkeit gegenüber Frauchen bekundete er, indem er seine Hundekuchen mit ihr teilte und ihr immer einen davon ins Bett schob. Wenn dann Frauchen so tat, als wäre sie überrascht und freue sich über das Geschenk, umrundete er sie freudig bellend.

Der Wastl schwänzte gerne. Dann verabschiedete er sich mit einem Seitenblick von seinen Leuten, die ihn ermahnten, ja recht vorsichtig zu sein, und trollte sich schwanzwedelnd zum nahegelegenen Schulhof. Dort hatte er viele Freunde. „Boomer" nannten sie ihn und spielten mit ihm; im Fernsehen lief gerade die Sendung mit dem „Boomer", der dem Wastl täuschend ähnlich sah. Ein feines Leben war das, und seine Menschen drückten wohl manchmal ein Auge zu, wenn der Hund partout nicht an die Leine wollte. Er war ja fast schon so wie ein Menschenkind, und hätte man ihn in der Schule reingelassen, hätte er bestimmt mehr als Bellen gelernt.

Grad drei Jahre alt war der Wastl, und noch ein wenig

jung und leichtsinnig, als er auf dem Heimweg von der Schule nicht auf seinen Weg achtete und allzu hurtig die Kreuzung überqueren wollte. Da näherte sich von der Seite ein mächtiges Lastwagenungetüm. Das packte den Wastl mit Riesenkrallen, zog ihn hinab in den Höllenschlund und schleuderte ihn wieder hervor mit tödlicher Gewalt.

Da lag nun der Wastl, ganz still, Blut sickerte ihm aus der Schnauze und lief die Barthaare entlang. Leute liefen herzu, der Lastwagenfahrer war geschockt: „Er ist mir einfach reingesprungen, der Hund ..." Nein, den Fahrer traf keine Schuld. Aber der Wastl hatte keine Chance gehabt.

Wastl, ach Wastl – warum hast du bloß nicht aufgepasst! Sie gruben ihm ein Grab an stillem Ort und legten ihn hinein. Trauer befiel Heim und Schule. Manchmal war es, als stolperten die Kinder über einen Schatten und es ertönte ein Klingen, als freue sich der „Boomer" in den Lüften.

Henry

Der Henry gehörte unserer Untermieterin und war ein farbenprächtiger Papagei. Sein Krummschnabel begann ärgerlich zu zittern, wenn Unbekannte sich ihm näherten. Er wetterte in seinem Käfig, bis ihn sein Frauchen herausließ, und flog dann schnurstracks auf den Schrank. Er legte den Kopf schief und begann zu schimpfen, pickte mit seinem krummen Schnabel wütend Fetzen aus der Schrankumrandung und pfetzte damit auf seine vermeintlichen Widersacher. Seine listigen Äuglein funkelten, sein Kehlkopf zitterte aufgeregt. Seine Pickereien brachten ihm stets erneuten Käfigarrest ein. Henry konnte seinen Namen sagen und plapperte nach, was man ihm vorsagte.

Einmal half die Oma dem Enkel bei den Hausaufgaben. „Du wirst doch auch noch wissen, was zwei mal zwei ist?" Und prompt krächzte es von oben: „Vier!"

Holly

Wir trauerten sehr um unseren Philipp.

Ach ja, so ein Vögelein, so ein niedliches kleines Wesen, das so viel Leben in seinem kleinen Körper hatte, das sang und pfiff und plapperte und die Äuglein verdrehte, so einen Wellensittich hätt' ich halt gern wieder!

„Aber das überlege dir gut. Jetzt, wo wir alle aus dem Haus sind. Kannst nicht Türen und Fenster einfach offen lassen ...“

Sie hatten ja recht. Das Geziefer, das die Töchter so nacheinander ins Haus gebracht hatten, war deren Aufgabe gewesen, wenn auch vieles, hauptsächlich die unangenehmen Dinge, an mir hängen geblieben waren. Und wenn ich dann in der Eile doch vergaß, das Fenster zu schließen und die Katz dann den Vogel holte ...? Sinnend blickte ich in den Garten, wo Nachbars Katz' grad ihre tägliche Inspektionsrunde machte.

Vielleicht wieder ein Kätzlein? Das musste oder konnte man nicht unbedingt hüten und einsperren. Aber wenn es dann eines Tages wieder fehlte, einfach so ...

„Und wie wäre das mit einem Hund?“ Hintergründig sah mich die Tochter an.

Einen Hund! Was für ein Gedanke! Den hatten wir den Kindern früher immer ausgeredet.

„Und Vater hätte jemanden, der mit ihm raus geht ...“ In seiner Kinderzeit hatte er einen Hundefreund gehabt und er wusste auch, wie angebunden man mit so einem Haustier war. Wohin mit ihm, wenn wir verreisten?

„Da hocken so arme Viecher in den Tierheimen ...“

Karins Tierliebe trieb mal wieder Blüten. Aber Vater, der musste ja täglich laufen, seit ihn die böse Krankheit eingeholt hatte. Und so ein Kamerad, der mit einem sprang und die schlimmen Gedanken verscheuchte?

Der Familienrat tagte. Die hundekundige Nachbarin wurde befragt.

„Ja, wenn du dich nicht wenigstens eine Stunde am Tag mit dem Hund abgeben kannst ...?"

Ich – wieso ich? Einen Hund für den Vater, in seiner Verantwortung!

In den folgenden Wochen gingen die Töchter auf Hundesuche.

„Du ahnst ja nicht, was sich da alles abspielt in den Tierheimen!"

Am liebsten hätten sie die Asylanten alle eingesammelt und heimgebracht. Sie klopften weitere Tierheime ab.

„Wir sind ganz fertig – aber Hund haben wir keinen!"

Ich war enttäuscht, vielleicht auch ein wenig erleichtert.

Ein paar Tage vor Heiligabend klingelte das Telefon.

„Stell' dich auf einen neuen Hausgenossen ein ..."

Der Hund kommt! Was für einer, groß oder klein?

„Wart' bis du ihn siehst!"

Besser, ich stellte mich auf etwas Größeres ein.

Am Heiligen Abend kamen sie alle wie immer. Erwartungsvoll standen wir vor der Haustüre. Karin stieg aus, langte ins Auto und holte ein verhängtes rundes Etwas heraus. Es folgten etliche Kartons, danach Gabi und Sabine. Jede schnappte sich einen Karton.

„Ich denke, ihr bringt einen Hund ...?"

Hatte mir so etwas Vierfüßiges, Bellendes vorgestellt, das schwanzwedelnd sein neues Zuhause betapste. Karin griff nach dem tuchbedeckten Etwas und im Gefolge schritten sie ins Haus. Im Wohnzimmer hob Karin vorsichtig das Tuch, wie ein Zauberer vor dem Simsalabim.

„Das ist sie!"

Eine Sie! Der Hund, die Hündin. Also ein Mädchen. Als hätten wir deren nicht schon drei. Sehen konnte ich nur etwas Geringeltes, Dunkles, Winziges. Wird doch keine Schlange sein?

Das Wesen hob verschreckt das Köpfchen und blinzelte mich an, um gleich wieder in sich hinein zu schrumpfen.

„Das ist Holly von der Sitzbuche!"

140

Zum Beweis zog Karin das Stammbuch hervor. Dort stand es schwarz auf weiß: Holly war eine Adelige, ererbt von dem Großvater „Cäsar von Garagenhausen"! Eine Hunde-Lady also.
Die allerdings scherte sich wenig um ihren Adelsstand, sie zitterte und bebte und machte vor lauter Angst ein Bächlein ins Körbchen.
Holly, jüngstes von acht Geschwistern, durfte wegen eines Hinkebeinchens nicht weitergezüchtet werden, was sie aber im späteren Leben nie daran hinderte, wie ein geölter Blitz der Beute nachzujagen. Aber züchten hin, züchten her – das Hundekind war jetzt unseres!
Vom Körbchen her kamen wimmernde Laute, das graue Knäuel regte sich. Es sah aus wie eine große Ratte. Vor dem Körbchen wurden Futternapf und Wasserschale aufgebaut und das Hundekind zur Mahlzeit aufgefordert. Das aber schnupperte nur dürftig und legte sich klagend wieder ins Körbchen.
„Das Futter stell' ich alles nach hinten", ereiferte sich Sabine.
Im hinteren Raum türmten sich etliche Dosen Chappy, ein Riesenpaket Hundeflocken, drei Pakete Lieblingsknochen, sechs Päckchen Nagebällchen und ein Sack voll getrockneter Heringe.
„Das soll der kleine Hund alles fressen?", wunderte ich mich.
„Oh - der wächst ja so schnell ...!"
Eine Liste für mich, was ich dem Hund alles geben darf und was nicht, wurde an die Küchentür geklebt. Mir wird mulmig. Nach Rezept zu kochen, war noch nie mein Fall gewesen.
„Frühzeitige Gewöhnung an Fertigfutter" – das stand ganz oben auf der Liste.
Das klang schon besser.
„Haferflocken, Reisbrei mit geschälten Äpfeln oder geriebenen Karotten, wöchentlich ein rohes Ei. Gut sind

Knochen aus Büffelhaut ..."
Aber woher nehmen? Ach ja – da im Beutel sieht es danach aus. Stinken tun die auch, als wären sie schon ein wenig verwest.

Morgens Frolic, mittags Büffelknochen oder Trockenfisch, getrockneter Pansen, abends rohes Rinderhack oder Schlachthausreste, Ochsenschwanz, roh oder gekocht. Und einen Fasttag in der Woche. Und immer Wasser, und nie Zucker, und keine Apfelsinen oder Zitronen. Und täglich bürsten, und ab und zu baden!

Mir wird ganz schwindlig. Furchtsam umrunde ich das dunkelgraue Geringel im Korb. Bei den Kindern hatte die Aufzucht nach Anweisung auch nicht so recht funktionieren wollen.

Wieso überhaupt ich? Wie komme ich dazu? Gehört nicht der Hund dem Vater?

„Komm nur, dass du auch weißt, wie man so ein Hundekind aufzieht!"

Aber der Besagte ist von seinem Geschenk so fasziniert, dass er sich kaum traut, es zu streicheln.

„Das machst du doch viel besser", meint er unsicher. Es klingt nicht sehr überzeugend. Zwei Hundebücher sind auch da: „Mein Hund", steht drauf.

Aha. Aus dem Körbchen kommen zustimmende Seufzer.

Und schon regt sich bei mir der Mutterinstinkt. Da ist wer, der dich braucht, der deiner Hilfe bedarf ...

Grundsätze ade – sie schmelzen dahin wie Eis in der Sonne!

Das kleine Wesen leckt schamhaft Vaters Hand. Auf seinem Arm wird's verdächtig warm.

Muss ein Hund nicht Gassi gehen?

„Gewöhnt ihn nur gleich an einen bestimmten Platz im Garten!"

Draußen ist es bitter kalt. Nur die heilige Nacht verbreitet ihren zauberhaften Schimmer.

Das Tierlein an der viel zu großen Hundeleine gibt abwehrende Kläfflaute von sich, nicht im Entferntesten feierlichem Weihnachtsklingen ähnlich. Mit der Taschenlampe suchen wir eine geeignete Ecke und zerren die Leine dorthin: „Komm, da mach dein Sächle hin ..." Es geschieht nichts. Das winzige Ding zittert und bebt. Ein Baby schleift man ja auch nicht in bitterkalter Nacht ins Freie.

Wir nehmen die Leine weg, vielleicht ...

Aber da kann das Hündchen plötzlich rennen, es macht kehrt, fegt ins Wohnzimmer und macht sein Bächle untern Christbaum und ein Häufchen gleich noch dazu!

„Und wo soll die Holly schlafen?" Großer Familienrat. Wir probieren es im Badezimmer, dort hat es unser Hundekind schön warm.

Schlaf' schön, liebe Holly ...

Dankbar begeben wir uns zur Ruhe. Gerade sind wir eingeschlummert, als uns ein Kratzen, begleitet von einem anklagenden Jaulen wieder weckt. Armer Hund, hat man dich mir nichts dir nichts deiner Mama beraubt und dich zu wildfremden Menschen gebracht! Brauchst keine Angst zu haben, wir sind ja da ...

Aber das Kratzen und Jaulen beginnt von neuem, und keiner kann schlafen. Kleine Kinder soll man manchmal einfach schreien lassen. Aber da wird man dann schnell als Rabenmutter abgestempelt, und das Kind bleibt bei dem Durchhaltespiel letztendlich doch Sieger.

Entnervt tragen wir Körbchen samt Hund in die Küche, machen die Heizung an und das Licht aus und die Küchentüre zu.

„Füg' dich Hund, musst lernen, dass man in der Nacht schläft!"

Wir gehen wieder ins Bett und ziehen die Decke über die Ohren. Da müssen wir durch!

Jetzt aber wird unser Hund munter. Das Winseln und Jaulen hört sich an wie einst die Sirene bei Fliegeralarm. Damals hatte man ebenso widerwillig das warme Bett

143

verlassen, um in den Luftschutzkeller zu flüchten. Aber in den Keller muss heute keiner mehr, und die Töchter wissen nichts davon und auch nicht, dass man ein Kind manchmal schreien lassen soll. Mitleidig tragen sie das Körbchen ins Wohnzimmer und ihre Betten gleich mit dazu. Und endlich kehrt heilige Ruhe ein im neuen Hundeheim.

Die Bescherung findet sich am andern Morgen unterm Christbaum in Form von einem harmlosen Häufchen nebst Bächle.

Dem Hund immer wieder „Komm Gassi" sagen, bis er es kapiert! Steht in der Anleitung.

Holly's Kulleraugen rollen beifällig, aber ihr Sächle macht sie tunlichst untern Christbaum. Wozu steht der auch da? Obwohl sie ja ein Mädchen ist und eigentlich keinen Baum zum Bächlemachen braucht.

Mit dem neuen Familienzuwachs machen wir den Weihnachtsspaziergang, da kann man ja auch gleich Gassigehen üben.

Ist das denn überhaupt ein Hund? Sieht eher aus wie ein Wiesel, das auf drei Beinchen hüpft. Das Stummelschwänzchen zittert, von zaghaftem Kläffen begleitet. Wir lassen das arme Ding von der Leine. Aber da macht das Hündchen einfach kehrt und fegt den Weg zurück. Daheim dann das Bächle unterm Tannenbaum. Das fängt ja gut an.

Nur immer lieben, nicht schimpfen ... Zaghaft nehme ich unser neues Hundekind in den Arm und streichle es liebevoll. Zur Belohnung leckt es mir die Wangen, und an meinem Bauch wird's feucht und warm.

Nach den Feiertagen wurde es ernst. Vater nickte zustimmend, als die Töchter mir Aufzucht und Fütterung ans mütterliche Herz legten. Das Hundekind fraß mir ja auch bereits aus der Hand, und brav rührte ich ein Ei unter Hackfleisch und Haferflocken; ein ganzes Paket davon hatte das kleine Hündchen bereits vertilgt, und von den

Trockenheringen fehlten auch einige.
Nur mit dem Gassigehen haperte es noch arg. Nach wie vor fanden sich Bächle und Häufchen drinnen und nicht draußen.
Aber unser Hund wurde heimisch. Einer Klorolle habhaft geworden, rannte Holly der sich auflösenden weißen Pracht hinterher, über Tische, Stühle und Sessel und rund um den Christbaum, der scheppernd zu Boden ging.
Weihnachten war vorüber, das Hundebabyjahr aber nicht. Gleich nach den Feiertagen holte Vater einen Ballen Zaun, und fachgerecht wurde unser Garten eingezäunt. Eine Weile ging das ja auch gut, aber des Nachbars Katz fand bald eine Lücke, die auch unsere Holly nützen konnte. Freiheit die ich meine, oder doch nicht? Plötzlich stand sie dann vor der Haustüre und begehrte Einlass. Hatte sie endlich begriffen?
„Guck, was ich dir mitgebracht habe, ganz frisches Hackfleisch ..."
Aber der Hund hatte jetzt die Schnauze voll von dem sich türmenden Hundefutter. Knabberte lustlos an Hundekeksen und Lieblingsknochen und verschmähte meinen liebevoll angerührten Haferflockenbrei. Das, was euch schmeckt, möcht' ich auch haben! Hockte da und bettelte, bis seine Menschen schwach wurden und ihm heimlich was abgaben. Und Spätzle mit Braten und Soße und Käsekuchen schmeckt ja bekanntlich auch viel besser!
„Ihr verwöhnt den Hund, macht einen Menschenhund aus ihm ..." Holly hob begierig ihr Pfötchen und guckte verständnisvoll unter ihren Stirnfransen hervor, wackelte anerkennend mit dem Stummelschwänzchen, fraß ihren Trog mit dem Braten leer und leckte sich die Schnauze.
Auch ein Hund kriegt gelegentlich einen Schnupfen. Also ging ich mit ihm zum Tierarzt. Der sah mich fragend an: „Was frisst der Hund?" Schien mir meine Fütterungssünden anzusehen. „Der Hund kriegt nichts vom Tisch!", verordnete er streng. Ich nickte ergeben. War doch Vaters

Hund, und wenn der ihm was abgab ...
Das war wie früher bei den Kindern in der Schule: Hatten sie eine Eins geschrieben, so waren das seine Töchter, hatten sie aber eine Fünf (was selten vorkam), so hieß es „deine Töchter"!

Aber Hund muss Hund bleiben! Meist kriegten wir Ratschläge von Leuten, die keinen Hund ihr eigen nannten oder nie einen großgezogen hatten.

Und ein Hund ist dazu da, dass er das Haus hütet! Basta. Also ließen wir unseren Hund auch bei Gelegenheit das Haus hüten. Setzten ihn bei gedämpfter Radiomusik ins Körbchen und ließen ihm auch noch das Licht an.

Schon von weitem hörten wir jammervolles Heulen, als wir ein paar Stunden später wieder heimkamen. Und unser Hund gebärdete sich wie toll und wollte sich nicht beruhigen lassen. Die Knopfaugen rollten, als wollten sie rausfallen. Der Couchtisch war abgeräumt bis auf den schweren Aschenbecher, auf dem Boden lagen verstreut zerrupfte Zeitungen und Zigaretten; ein Stummel hing noch in Holly's Schnauze. Die Blumenvase umgekippt, die Blumen zerfleddert. Wie könnt ihr bloß? Mich ärmsten aller Hunde so alleine lassen? Wegen der Zigaretten war ich ihm nicht böse, die taten sowieso nichts Gutes, aber saß da nicht inmitten der Verwüstung ein Häufchen, das sehr übel roch? Und ein Bächlein noch dazu ... Oh Holly, was machen wir bloß mit dir?

Als ich den Hund rauslasse am andern Morgen, hockt da ein pechschwarzes Katzenvieh, die liebe Paula von nebenan, auf seinem Gassiplatz. Und schon macht mein Hund wieder kehrt und das Sächle ist dort, wo es nicht hin soll.

„Geh' nur und guck, was der Hund wieder angestellt hat!"

Vorwurfsvoll sagt es der Hausherr und begibt sich zum Sofa, wo Herrchen und Hund sich wohlig ausstrecken.

Mir ist das jetzt auch egal, ich hab was anderes zu tun. Suche meine erst vor kurzem gekauften schicken weißen Pantoletten. Finde davon aber nur noch eine, daneben Vaters Schlappen, deren Kanten feucht und ausgefranst erscheinen. Eine schlimme Ahnung befällt mich. Da sehe ich plötzlich im Garten zwischen den Rosenbüschen etwas Weißes hervorlugen. Oh nein! Vorsichtig wage ich mich heran, ziehe die vermisste Pantolette aus der regennassen Erde. Zernagt der elegante Absatz, zerfetzt die zierliche Spitze. Das ist zuviel! Umbringen könnt' ich dich, du lausiger Hund!

Der kommt schwänzchenwedelnd angerannt, schnuppert an meinem misshandelten Prunkstück und legt selbstzufrieden den Kopf zwischen die Vorderpfoten.

Vom Staubwedel finde ich bloß noch Fetzen, an den Sofakissen bilden sich weiße wollige Wolken, am Stuhlbein finden sich Sägespäne; Holly nimmt beflügelt Vaters zweiten Schlapper in Arbeit. Junge Hunde täten sowas nun mal mit Vorliebe!

Fenster und Türen brauche ich nun nicht mehr geschlossen zu halten, im Gegenteil, es ist gut, wenn da noch ein Schlupfloch ist, sollte sich Holly auf sein „Gassi" besinnen. Dort im Garten finden sich auch vermisste Dinge wieder, und zu den Picknicks aus Philipps Hinterlassenschaft gesellen sich Teppichfransen und ausgerupfte Wolle von der gestrickten Hundepuppe. Mit dem zernagten Schuh ficht die Holly wahre Ringkämpfe aus, rennt noch einige Ehrenrunden und schmeißt mir dann den Schlapper vor die Füße: So, den kannst jetzt wieder haben, ist eh nix nutz ...

Knurrend bearbeitet Holly ihre Hundezeitung, pfetzt das nutzlose Ding schließlich schnaubend in die Ecke. Im neuen Heilkräuterbuch informiert sie sich auch, indem sie die Seiten einfach auffrisst.

Als Holly dann auch noch anfing, bei anderen Leuten Sachen zu zernagen, wurde es höchste Zeit, eine Versicherung abzuschließen. Die Versicherungsleute müssen ja auch leben, und ich Hund tu mein Möglichstes, ihnen ihr Scherflein zu sichern!

Unser Zwergschnauzer mauserte sich im Laufe des Jahres zu einer graziösen Hundedame. Eines Morgens fuhr ich erschreckt zurück, als ich die Haustür öffnete und da ein zotteliges Ungeheuer hockte, das sich als liebeskranker Riesenhund entpuppte. Saß einfach da und guckte mit feuchten Glotzaugen auf das kleine Wesen hinter mir, das sich verschämt zurückzog. Entsetzt warf ich die Haustür zu. Holly setzte ich in den Garten. Aber das Ungeheuer ließ einen Satz über den Zaun und war flugs bei seiner Angebeteten, die kläffend davonrannte.

Ich kann warten, schien der Hund zu denken und hockte sich wieder vor die Haustür. Im Laufe des Tages versammelten sich mehrere Bewerber um Holly's Gunst vor dem Haus und wir begriffen endlich, dass unser Hundekind flügge geworden war.

Die Werbetour wiederholte sich ein halbes Jahr später. Vor dem Haus, hinter dem Haus – überall schnüffelten verliebte Hundejünglinge vor der sich zierenden Hundedame. Der Große war auch wieder da. Ein Elefant gegen ein Mäuslein – was sollte das? Aber trau schau wem! Da schleicht sich die Liebe zum Schlüsselloch naus - und das Ergebnis wären kleine Hunde!

Es sei besser, im Voraus was zu tun, sagen die Experten. Mit einem sonderbaren Schuldgefühl stimmten wir zu. Machen wir sie erst zu einem Menschenhund und berauben sie dann auch noch der Hundefreuden.

Der Tierarzt aber tat sein Werk. Und damit die Holly nicht an ihren Blessuren leckte, kriegte sie eine Art Trichter über den Kopf gestülpt. „Der arme Hund – was hat der denn?", fragten die Leute mitleidig und betrachteten amüsiert den Kopfputz unserer Holly.

„Oh – das tragen Hundedamen halt so dieses Jahr ..."
Immer schlagfertig mit der Antwort, und der Hund hat die Qual.

Ach ja, an so ein Hundevieh kann man sich schon gewöhnen.

Jeden Tag muss man mit ihm raus, was Mensch und Tier zur Gesundheit verhilft, es hüpft und springt vor Freude an einem hoch, wenn man nach langer Reise endlich wieder da ist. Und manchmal durchzieht der Hundeduft das ganze Haus. Draußen ist eine so herrliche Landluft und die Sonne scheint wieder nach all dem Regen. Wetter zum Mistfahren! Wer wollte da als Hund in der Ecke liegen bleiben, wo das doch so wunderbar duftet in den Feldern, das zieht durch die Hundenase wie Veilchenduft! Und wozu hat denn der Zaun ein Loch? Nix wie abhauen, raus in den Acker, wo es so schöne schillernde Pfützen hat und ich mich so gut darin betrachten kann! Nur Fraule will das nicht so recht begreifen.

Als ich nach Holly suche, finde ich sie fröhlich planschend in der mit gelbbrauner Brühe gefüllten Ackerfurche; wie die Goldmarie im Märchen, nur anstatt mit Gold überzogen mit stinkender Mistbrühe. Holly, du Stinktier! Das so benannte Vieh aber gilft und kläfft vor Wonne und weigert sich, an die Leine zu gehen, macht erst noch einen Satz in die schillernde Brühe und suhlt sich wohlig darin. Endlich kriege ich den Hund zu fassen und zerre ihn heraus aus dem aufgeweichten Acker. Jetzt stinken wir beide. Zuhause trage ich das Stinktier vorsichtig runter in die Waschküche und setze es in den Waschzuber. Versuche Holly mit dem Schlauch abzuspritzen, aber sie rennt mir davon und der Dreck klebt, das Parfüm duftet, der Hund jault, als wolle ich ihn ersäufen, schlabbert dann ergeben an der tropfenden Duftbrühe. Wasch mich, aber mach mich nicht nass!

Voller Abscheu schüttelt sie sich, dreht beleidigt Achter um den sie malträtierenden Menschen, der nicht begreifen will, dass der Misthaufen der Duft der großen weiten Hundewelt ist!

Mit den motorisierten Ungeheuern auf der Straße machte Holly bald eigene Erfahrungen. Nachdem sie einmal kräftig die Schnauze verprellt und einen Vorderzahn eingebüßt hatte, hockte sie sich beim Heranbrausen eines Autos brav an den Wegrand und betrachtete die vorbeirauschenden Flitzer voller Abscheu.

Und was soll das mit dem anderen Geschlecht? Begegnen wir einem anderen Hund, bedarf es zuerst der Feststellung, welchen Geschlechts dieser ist. Ist es ein Rüde, erfolgt freudiges Wedeln, bei einer Hundedame machen wir besser kehrt und nehmen die andere Richtung.

Ihren Stammplatz hatte Holly auf der Sessellehne, von wo aus sie den Garten überblicken konnte. Machte die Katz die Runde, bellte sie wie wild, was die Mieze aber nicht störte. Manchmal rannte sie auch raus, der Katz hinterher, die flugs den Baum hochkletterte und ihren Widersacher mitleidig von oben betrachtete. So sehr sie auch rannte, bei diesen Besuchern zog sie stets den Kürzeren.

Hockt doch da am frühen Morgen die schwarze Paula mitten auf der Gartenbank. Gestern hab ich die Polster draufgemacht, weil es so schön warm war draußen. Der Paula gefällt das offenbar auch. Aber der Holly nicht. Starr vor Schreck bleibt sie in gebührendem Abstand stehen, gilft und jault, als hätt' ihr letztes Stündlein beim bloßen Anblick dieses Katzenviehs geschlagen. Die Katz gähnt verschlafen, regt sich keinen Deut. Der Hund gibt jämmerliche Klagelaute von sich, rennt zu mir um Beistand heischend. Jetzt wehr' dich halt in deinem Reich, liebe Holly! Die Paula tut gelangweilt und beginnt genüsslich mit ihrer Morgenwäsche, während sich dem armen Hund die Haare sträuben. Endlich erhebt sich die Katzendame, wirft einen verächtlichen Blick auf Holly und huscht flink und geschmeidig am Baumstamm hoch. Der Hund jault zum Gotterbarmen vergebens in die Äste. Feigling! Aber Holly ist heilfroh, dass sie ihr Reich wieder hat. Was sie allerdings nicht hindert, bei nächster Gelegenheit wieder der Katz nachzujagen.

Dagegen spielte sie gerne Fußball mit den Kindern; geschwind wie der Blitz fing sie den Ball und köpfte ihn ins Weite, tänzelte um ihre Mitspieler und schnappte nach dem Ball.

Sehr wohl fühlte sie sich auch im Fernsehsessel und machte nur widerwillig Platz, wenn man sie da rausschmiss. Ein nahendes Gewitter oder das Silvesterballern brachte sie allerdings völlig aus der Fassung. Da verkroch sie sich in die Ecken und unter die Möbel, in der Nacht suchte sie Zuflucht in den Betten ihrer Menschen. Das aber ging zu weit. Ich sperrte sie samt Körbchen ins Badezimmer, wo sie ihre Jammertiraden ausheulte, bis das Gewitter vorbei war. In ihren späteren Jahren verlor sie das Gehör völlig, und nicht einmal das stärkste Gewitter oder lautes Ballern konnten sie mehr aus der Ruhe bringen.

Holly gehörte zu uns, wuchs uns ans Herz. Sie hockte zwischen Vaters Knien und schubste ihn mit ihrer Schnauze: Auf, komm, lauf mit mir, dann wirst du wieder gesund. Aber alles Davonlaufen half schließlich nicht mehr. Der Jammer war groß.

Als ich ein Jahr später von einer mehrwöchigen Amerikareise zurückkehrte, sprang Holly mir freudig entgegen, umrundete im Schlafzimmer die Betten und guckte in Herrchens Bett, ob da nicht vielleicht wieder ...? Aber auch unser Hund musste das Unvermeidliche schließlich begreifen.

Manchmal durfte Holly zu der Tochter in die Ferien. Das liebte sie sehr. Karin war und blieb ihre erste Bezugsperson, sie war es, die sie einst von der Züchterin geholt hatte. Ich brauchte bloß zu sagen: „Karin kommt", schon spitzte sie die Ohren, rannte an die Haustüre und gebärdete sich wie toll vor Freude.

Oft in späteren Jahren ist mir Holly ausgebüxt oder ich musste sie in Wald und Flur suchen, oder auch wenn sie einer Katz hinterher rannte. Dann tat sie immer sehr beleidigt, als ob sie nicht alleine wieder nach Hause zurück gefunden hätte. Aber Hunde sind heutzutage an der Leine zu führen, sich selber und den Menschen zum Schutz, und der Gefahren in dieser Welt lauern viele.

Trotz der oft nicht ganz artgerechten Fütterung ist unsere Holly fast achtzehn Jahre alt geworden. In ihren letzten Lebensjahren wurde sie zunehmend ruhiger und wollte nicht mehr große Strecken laufen. Zuletzt verschlief sie ihre Tage nur noch. Und als es dann soweit war, verdrückte sie sich klagend in die hintersten Ecken. Wir brachten sie zum Tierarzt, aber dort schüttelten sie die Köpfe. Ob eine Spritze vielleicht ...? Holly schaute mich mit ihren dunklen Kulleraugen traurig an: Lass mich nicht leiden, erspar' es mir ...

Unser Hundekind war nicht mehr. Es tat sehr weh.

Mäusezeit

Woher sie kamen, die Mäuslein, wussten wir lange nicht. Bis wir endlich entdeckten, dass sie über das Dach und einen Mauerspalt in die Wohnung gelangten. So fanden wir des öfteren ein kleines graues Huscherlein, das flugs hinter dem Schrank verschwand. Bäuchlings lagen dann die Kinder davor, stocherten mit dem Klavierstock nach dem erschreckten Nagetier und überboten sich in Lockrufen. „Ich hab's", schrie eines, ließ aber das Mäuseschwänzchen schnell wieder los, weil sich sein Besitzer mit Beißen wehrte. Eine ohrenbetäubende Mäusejagd folgte und schließlich gab das kampfmüde Mäuslein auf. Lieber den Menschen zum Opfer fallen, als unter dem Schrank verhungern! Nur die wollten gar nicht sein Opfer. Sie sperrten das zappelnde Ding in einen Karton und trugen es zum nahen Acker, wo sie es wieder in Freiheit setzten.

Einige Zeit war Ruhe. Dann aber zogen die Mäuslein bei uns ein, besetzten Holzdecken und Dachboden; es hörte sich an, als hause da oben eine ganze Horde kettenrasselnder Gespenster, die vorwiegend in der Nacht ihre Sünden abbüßten.

Wir hielten den Atem an und blickten hilfesuchend nach oben. Hatten da vielleicht früher die alten Römer gehaust und der Mordlust gepflegt? Womit hatten wir das verdient, dass die nun so furchterregend rumgespenstern mussten! Die Kinder kamen angstvoll zu uns in die Betten gekrochen: „Wir gehen da nicht mehr rauf!"

Dann aber fassten wir uns ein Herz und betrachteten die Dinge mit klarem Menschenverstand.

Ratten oder Mäuse konnten es ja auch sein. Die kamen durch jede Mauerritze. Vielleicht spazierten sie ganz bequem zur hinteren Türe herein und krepselten irgendwo durch die Decke, wo sich über den Holzdielen eine wunderbare Mäusetanzfläche befand.

Aber von was ernährten die sich bloß? Den Mäusevorrat entdeckten wir schließlich hinterm Dielenschrank, und vom Ährenstrauß waren bei näherem Hinsehen auch nur noch die Spelzen da. Nun bin ich aber nicht so erschreckt, was so kleine Tierlein anbelangt. Denen pflegte Vater einstens einfach mit Fallen zuleibe zu rücken. Die Mausfallen bestanden aus Dachziegeln, die mittels Spachteln und Speck scharfkantig gestellt wurden. Knabberte dann das Mäuslein am Speck, brach das Gestell zusammen und der Dachziegel begrub das arme Wesen unter sich. Für die Ratten bedurfte es schon einer richtigen Rattenfalle.

Nach Kriegsende war es das große Loch in der Hauswand, das eine Granate dort gerissen hatte und den Viechern freien Zutritt zu unserem Schlafstüble gewährte. Lange Zeit war diese Wunde nur notdürftig geflickt und so erhielten wir oft ungebetenen Besuch. Allerdings eine geringe Unannehmlichkeit, gemessen an den Schrecken der Kriegszeit, wo mancherorts sogar Ratten und Mäuse zum Überleben beitrugen. Aber so ganz kriegte ich das Grausen nicht los. Eine riesige Wasserratte hauste einmal in unserem Keller. An die hatte ich mich einigermaßen gewöhnt; sie guckte mich listig an und klopfte mit ihrem Schwanz, wenn ich runter kam: Ich tu dir nichts, tu mir auch nichts. Manchmal zeigte sie mir auch frech ihre Beißerchen und ich empfahl mich schnell wieder. Damals hatten wir zum Kühlhalten der Nahrungsmittel nur den gewölbten Keller, die segensreichen Kühlschränke hielten viel später Einzug.

Ach ja, die niedlichen kleinen Mäuslein! Ich hätte sie ja einfach mit mir leben lassen, hätten sie nicht frech ihre Attribute in meinem Küchenschrank hinterlassen: im Mehl, im Grieß, im Puddingpäckchen und mit Vorliebe im schwarzen Tee, wo man sie ja gar nicht mehr unterscheiden konnte. Das erste Mitbewohnerlein dieser Rasse hatte ich noch toleriert, ließ es einfach im Küchenschrank hau-

sen. Es dankte mir damit, dass es am Abend kurz hervor-
lugte, nachdem es redlich Brot und Butter mit uns geteilt
hatte. Nicht alle Leute mögen das. Und so geriet das
Mäuslein schließlich doch in die Falle.
In jenem Winter aber hatten wir das reinste Mäusehotel.
Sie benahmen sich, als wären sie da zuhause, so konnte es
unmöglich weitergehen. Zu Weihnachten schenkten wir Vater eine Lebendfalle. Da
hinein kam der Speck und wenn die hungrigen Nagetiere
dann hineinmarschierten, schnappte hinter ihnen flugs das
Gatter herunter, wie das Fallbeil am Schafott, nur dass der
Delinquent seinen Kopf noch hatte. Es war eine Freude,
wie die Mäuslein von Vaters Weihnachtsgeschenk Gebrauch machten. Der Hund saß mit lechzender Zunge
daneben. Begleitete dann eifrig die gefangene Beute, wenn
die Kinder diese ins freie Feld trugen: Spring schnell, eh'
dich der Hund wieder erwischt! Erwischte er sie, pflegte er
mit ihnen zu spielen, bis sie erschöpft den Geist aufgaben.
Die wiedergewonnene Freiheit aber diente dazu, der gesamten Mäuseverwandtschaft unser Hotel schmackhaft zu
machen. Über der Holzdecke bauten sie wohl ihre Nester
und zeugten ihren Nachwuchs. Da oben herrschte reges
Trippeln, dem ein feines Piepsen folgte und ein wahrer
Freudentanz mit Schwänzchenschlagen. Wie wir am Freu-
denfest teilnehmen sollten, blieb dahingestellt. So klein
war keiner, als dass man da oben hätte beikommen können.
Mit der Zeit wurden die Biester recht keck. Die Mäuse-
mama lugte hervor, befand das Terrain für sauber, krepsel-
te aus einer Ritze am Rollladen und flugs folgten ihr ihre
piepsenden Kinderlein. Die Verluste bei ihren Besuchen
konnten sie nicht schrecken - sie machten einfach Neue da
oben!
„Im Schlafzimmer sind sie auch!" Vater sagte es vorwurfsvoll, als ob ich die eingeladen hätte! Am Morgen hat
es Mäusekegel auf dem Fenstersims und beim Bettenma-

chen finde ich noch mehr. So viele – kegeln die eigentlich am Stück? Hinter der Anrichte im Esszimmer finden wir die reinste Mäusespeisekammer und ein Mäuslein krepselt schamlos an der Wand herunter zu ihrem Futterplatz. Die halten mich wohl für sowas wie ihren Gastgeber! Es ist genug! Der Nachbar kommt, stellt Fallen auf. Mit Speck fängt man Mäuse. Bloß den mögen die inzwischen nicht mehr. Grieß ist auch gut, und Käse. Zwei Wochen später erkundigt sich der Nachbar nach den Mäusen. „Denen geht's gut, schmeißen alle Fallen um ..." Wir zwacken den Speck und den Käse mit einem Nagel fest. Am anderen Morgen ist eine Maus in der Falle, mausetot! Aber sie scheint ihre Sippschaft gewarnt zu haben. Jetzt bleiben sie oben, und das Hundefutter verschwindet wie von Geisterhand.

Den Schokoladevorrat habe ich wegen dem Cholesterin ganz hinten in den Schrank verbannt. Aber ewig kann man die Schokolade ja auch nicht aufheben und als ich davon holen will, raschelt es verdächtig im Silberpapier, das schön sorgfältig das leere Innere der Schokoladentafel bedeckt. Aha – sind die Mäus' mir also behilflich mit dem Cholesterin ...

Muss ihnen aber einiges nicht bekommen sein. Ein Mäuslein begegnet mir humpelnd, eines liegt mausetot unterm Küchenstuhl. Vielleicht ist denen auch schlecht geworden, weil sie die Blätter an dem Blumentopf, den ich zum Geburtstag bekommen habe, ratzekahl abgefressen haben. Geschieht euch recht, so tanzt man seinen Gastgebern nicht auf der Nase herum!

So stücker dreißig oder mehr haben wir in diesem Winter wohl gefangen von der Mäusesippschaft. Die Mehrzahl davon gelangte allerdings wieder hinaus in die Gefilde. Und als wir es aufgaben, mit Speck und Käse zu winken, da wurden sie es leid, sich im Kreis zu bewegen. Es wurde ja auch Frühling. Aber trauert nicht: Im nächsten Winter besuchen wir euch wieder!

Zehn kleine Mäuselein
zogen vom Feld ins warme Stübelein...
Da fing der Hund schnurstracks sich eins -
Da waren's nur noch neun!
Neun kleine Mäuselein, die huschten unterm Dach...
Eins guckte durch die Ritz' nicht sacht –
Da waren's nur noch acht!
Acht kleine Mäuselein, die spielten in den Dielen...
Eins tat sich dort zu sehr verlieben –
Da waren's nur noch sieben!
Sieben kleine Mäuselein, die mopsten eifrig Speck...
Eins bracht' den Kopf nicht schnell hinweg –
Da warens nur noch sechs!
Sechs kleine Mäuselein, die turnten in den Töpf'...
Eins fiel hinein in tiefe Sümpf' –
Da warens nur noch fünf!
Fünf kleine Mäuselein verirrten sich im Mehl...
Eins hat sich darin verlustiert -
Da warens nur noch vier!
Vier kleine Mäuselein, die fraßen allen Brei...
Eins mauste gar zu tief hinein –
Da warens nur noch drei!
Drei kleine Mäuselein die tanzten Ringelreih'...
Bautz da schlug die Falle zu –
Da warens nur noch zwei!
Zwei kleine Mäuselein vergnügten sich vereint...
Eins war dabei gar allzu dreist –
Da war es nur noch eins!
Ein kleines Mäuselein lugt traurig durch die Deck'...
Alleine wollt' es auch nicht sein –
Da rannt' es schleunigst weg!
Es suchten Vettern, Basen, Tanten
nach den verschwund'nen Mausverwandten...
Im Menschenhaus schien's recht bequem -
Und schwuppdiwupp – da warens wieder zehn!

Spinnenzeit

„Spinnen am Morgen bringt Kummer und Sorgen, Spinnen am Abend erquickend und labend!" Dieses Sprichwort wird oft missverstanden und sinnentstellt wiedergegeben.

Mussten sich die Leute schon am frühen Morgen mit Spinnen am Spinnrad abplagen, so waren wohl Kummer und Sorgen allgegenwärtig; pflegte man aber am Abend im trauten Nachbarschaftskreise das Spinnen, so war das sicher erquickend und labend. Wie es ja bis heute Sinn macht, wenn die Menschen am Abend in gemütlicher Runde beisammen sind.

Die lieben Tierlein, die Spinnen, die sich vorwiegend im Spätsommer, wenn die Nächte kühler werden, hereinspinnen in Stubenecken und Winkel, haben absolut nichts mit dem Sprichwort zu tun; die Spinnen, die ihre Behausungen ziehen in glitzernden Seidenfäden um Büsche und Sträucher, ihre Wunderwerke spinnen um Rosenstöcke und Tomatenpflanzen sind nützliche Tierlein. Und wie mancher Schädling ist schon der Spinne ins Netz gegangen!

Aber wir kriegen alsbald einen Schrecken, wenn sich dieses Wunder in unserem so ordentlichen Bereich ereignet, holen den Besen und bereiten dem Zauber ein Ende. Eine dicke fette Spinne hockt wohl noch inmitten des Gespinstes neben der Insektenbeute.

Ich kann sie nicht so einfach zerstören und töten, diese Wunderwerke samt ihren Konstrukteuren.

Von Sprichwörtern wie dem vorgenannten scheint die heutige Töchtergeneration allerdings nicht sehr viel zu halten. Die Töchter müssen ja auch nicht mehr fleißig spinnen, um ihre Aussteuer in feingesponnenem Leinenzeug präsentieren zu können. Folglich sind Spinnen eben Spinnen, und sie haben mit Handarbeit so wenig zu tun wie mit dem Untier, das da wärmeheischend in des Menschen Reich hockt. Es grauste den Töchtern vor den harmlosen Vielbeinern; sie schrien entsetzt auf, wenn sie so einem versponnenen Etwas ansichtig wurden. Weiß der Himmel, woher sie diese Art von Ordnungsliebe hatten! „Du hast ja auch Angst vor Schlangen!", konterten sie. Aber Schlangen sind ja auch ganz was anderes als so harmlose Spinnlein, die vielleicht bloß überwintern wollen.

Manchmal fand ich die Zimmertüre verbarrikadiert, ein Zettel machte auf den unliebsamen Eindringling aufmerksam. Ihr Zimmer würden sie nicht mehr betreten, wenn ich die Riesenspinne nicht entfernte. Meist entpuppte sich das Untier als harmloses Spinnlein. Vorsichtig nahm ich es dann mit einem Lappen weg und setzte es hinaus in die Nacht. Am anderen Tag fand ich das Spinnlein (oder ist's ein anderes) in der Ecke im Hausgang wieder. Aber niemand hat es gesehen außer mir, und ich kann ja schweigen. Die Tierlein scheinen es mir zu danken, indem sie getreulich wiederkommen.

Vor den Mäuslein hatte es den Kindern nicht sonderlich gegraut, und auch nicht vor sonstigem großen Getier. Wie sie wohl jetzt mit den Spinnen zurecht kommen, wo sie doch längst ihre eigenen Behausungen haben? Aber ich werde mich hüten, da nachzufragen, und ich brauche die Spinnlein ja auch nicht mehr zu verscheuchen.

Eigentümliche Zeitgenossen gibt es ja immer wieder, die sich allerhand Getier als Haustiere halten.

Wie der Mann, der sich ein Huhn als Haustier hielt. „Der Mann mit dem Huhn" führte seine Gefährtin am Halsband mit sich, wenn er die Eier ins Haus brachte, die der Rest der gefiederten Gesellschaft gelegt hatte. Der Huhnherr war immer farbenprächtig gekleidet und trug eine Hahnenfeder am Hut. Man hielt ihn wohl für ein wenig verrückt und lachte über ihn, wenn er sein Lieblingshuhn am Bändel mit sich führte und mit ihm redete wie mit seiner Freundin, die ihm fleißig Antwort gackerte.

Zeit ihres Lebens hatte die Oma die Maulwürfe gejagt, die ihr regelmäßig den Garten lüfteten. Ihre Enkel halfen ihr dabei, die sie gerne und oft betreute.

Es wuchs ja alles auf diesem Fleckchen dunkler Erde, kaum größer als ein Wohnzimmer, alles was die Oma brauchte und noch mehr. Kaum dass sie düngen musste; im Herbst wurde alles Grünzeug untergegraben, das reichte. Es gedieh alles prächtig in diesem fruchtbaren Land Pennsylvanien, das von vielen schwäbischen Einwanderern einst besiedelt wurde.

Die Maulwürfe hatten das sicher auch erkannt und beehrten die Oma immer wieder mit einem Erdhügel im Gemüsebeet. Sie hielten es wohl für eine willkommene Abwechslung, wenn Oma und Enkel nach ihnen gruben und Katz und Maus mit ihnen spielten.

Der Oma war es wohl nicht so ganz ernst mit dem Maulwurfjagen. Wie auch mit den anderen so niedlichen Viechern, die sich oft zur Hintertüre herein ins Warme flüchteten.

Jetzt ist die Oma von uns gegangen, der Garten verwaist, ihre Blumen, die sie so liebte, ungepflegt und verlassen. Es schien, als trauerten alle um sie, auch die Maulwürfe. Eines Tages erhob sich inmitten dem grasigen Grabhügel ein frisch aufgeworfener Maulwurfshaufen, als wollten die grauen Gesellen auch hier ihren Beistand bekunden. Der Weg vom Garten zum Friedhof ist wohl eine gute Meile weit. Geheime Verbindungen zwischen Mensch und Tier? Wenn du nicht mehr bei uns bist, dann folgen wir dir ... Außer dem Grabstein ist nichts auf dem Grab. Rasen muss darüber wachsen in einer ebenen Fläche, damit der Rasenmäher leichtes Spiel hat. Im weitläufigen Friedhof, wo der Blick bis zum Horizont reicht, ist Handarbeit nicht möglich. Niemand stört dort die Totenruhe der Verstorbenen, in diesem riesengroßen Land gibt es Platz für alle, die Lebenden und die Toten.

Der Weg, das ist das Ziel –
Und sind es auch manchmal Trampelpfade,
unwegsam und ungerade,
undurchschaubar und verschlungen -
Alles liegt in Gottes Hand, und unser Leben ist nur Pfand.